U0736702

文史通义
史笔与文心

乔衍琯 ———— 编撰

九州出版社
JIUZHOUPRESS

图书在版编目（CIP）数据

文史通义：史笔与文心 / 乔衍琯编著. -- 北京：
九州出版社，2018.7

ISBN 978-7-5108-7383-6

Ⅰ．①文… Ⅱ．①乔… Ⅲ．①文史－研究－中国－清
前期 Ⅳ．①K092.49

中国版本图书馆CIP数据核字(2018)第165204号

文史通义：史笔与文心

作　　者	乔衍琯	
责任编辑	张艳玲	
出版发行	九州出版社	
地　　址	北京市西城区阜外大街甲35号（100037）	
发行电话	(010)68992190/3/5/6	
网　　址	www.jiuzhoupress.com	
电子信箱	jiuzhou@jiuzhoupress.com	
印　　刷	三河市兴博印务有限公司	
开　　本	787毫米×1092毫米　32开	
印　　张	10	
字　　数	195千字	
版　　次	2018年9月第1版	
印　　次	2018年9月第1次印刷	
书　　号	ISBN ISBN 978-7-5108-7383-6	
定　　价	55.00元	

用经典滋养灵魂

龚鹏程

每个民族都有它自己的经典。经，指其所载之内容足以做为后世的纲维；典，谓其可为典范。因此它常被视为一切知识、价值观、世界观的依据或来源。早期只典守在神巫和大僚手上，后来则成为该民族累世传习、讽诵不辍的基本典籍。或称核心典籍，甚至是"圣书"。

佛经、圣经、古兰经等都是如此，中国也不例外。文化总体上的经典是六经：《诗》、《书》、《礼》、《乐》、《易》、《春秋》。依此而发展出来的各个学门或学派，另有其专业上的经典，如墨家有其《墨经》。老子后学也将其书视为经，战国时便开始有人替它作传、作解。兵家则有其《武经七书》。算家亦有《周髀算经》等所谓《算经十书》。流衍所及，竟至喝酒有《酒经》，饮茶有《茶经》，下棋有《弈经》，相鹤相马相牛亦皆有经。此类支流稗末，固然不能与六经相比肩，但它各自代表了在它那一个领域中的核心知识地位，却是很显然的。

我国历代教育和社会文化，就是以六经为基础来发展的。直到清末废科举、立学堂以后才产生剧变。但当时新设的学堂虽仿洋制，却仍保留了读经课程，以示根本未隳。辛亥革命后，蔡元培担任教育总长才开始废除读经。接着，他主持北京大学时出现的"新文化运动"更进一步发起对传统文化的攻击。趋势竟由废弃文言，提倡白话文学，一直走到深入的反传统中去。论调越来越激烈，行动越来越鲁莽。

台湾的教育、政治发展和社会文化意识，其实也一直以延续五四精神自居，以自由、民主、科学为号召。故其反传统气氛，及其体现于教育结构中者，与当时大陆不过程度略异而已，仅是社会中还遗存着若干传统社会的礼俗及观念罢了。后来，台湾朝野才惕然憬醒，开始提倡"文化复兴运动"，在学校课程中增加了经典的内容。但不叫读经，乃是摘选《四书》为《中国文化基本教材》，以为补充。另成立文化复兴委员会，开始做经典的白话注释，向社会推广。

文化复兴运动之功过，诚乎难言，此处也不必细说，总之是虽调整了西化的方向及反传统的势能，但对社会普遍民众的文化意识，还没能起到警醒的作用；了解传统、阅读经典，也还没成为风气或行动。

二十世纪七十年代后期，高信疆、柯元馨夫妇接掌了当时台湾第一大报中国时报的副刊与出版社编务，针对这个现象，遂策划了《中国历代经典宝库》这一大套书。精选影响国人最为深远的典籍，包括了六经及诸子、文艺各领域的经典，遍邀名家为之疏解，并附录原文以供参照，一时朝野震动，风气不变。

其所以震动社会，原因一是典籍选得精切。不蔓不枝，能体现传统文化的基本匡廓。二是体例确实。经典篇幅广狭不一、深浅悬隔，如《资治通鉴》那么庞大，《尚书》那么深奥，它们跟小说戏曲是截然不同的。如何在一套书里，用类似的体例来处理，很可以看出编辑人的功力。三是作者群涵盖了几乎全台湾的学术菁英，群策群力，全面动员。这也是过去所没有的。四，编审严格。大部丛书，作者庞杂，集稿统稿就十分重要，否则便会出现良莠不齐之现象。这套书虽广征名家撰作，但在审定正讹、统一文字风格方面，确乎花了极大气力。再加上撰稿人都把这套书当成是写给自己子弟看的传家宝，写得特别矜慎，成绩当然非其他的书所能比。五，当时高信疆夫妇利用报社传播之便，将出版与报纸媒体做了最好、最彻底的结合，使得这套书成了家喻户晓、众所翘盼的文化甘霖，人人都想一沾法雨。六，当时出版采用豪华的小牛皮烫金装帧，精美大方，辅以雕花木柜。虽所费不赀，却是经济刚刚腾飞时一个中产家庭最好的文化陈设，书香家庭的想象，由此开始落实。许多家庭乃因买进这套书，而仿佛种下了诗礼传家的根。

高先生综理编务，辅佐实际的是周安托兄。两君都是诗人，且侠情肝胆照人。中华文化复起、国魂再振、民气方舒，则是他们的理想，因此编这套书，似乎就是一场织梦之旅，号称传承经典，实则意拟宏开未来。

我很幸运，也曾参与到这一场歌唱青春的行列中，去贡献微末。先是与林明峪共同参与黄庆萱老师改写《西游记》的工作，继而再协助安托统稿，推敲是非、斟酌文辞。对整套书说不上有什么助益，自己倒是收获良多。

书成之后，好评如潮，数十年来一再改版翻印，直到现在。经典常读常新，当时对经典的现代解读目前也仍未过时，依旧在散光发热，滋养民族新一代的灵魂。只不过光阴毕竟可畏，安托与信疆俱已逝去，来不及看到他们播下的种子继续发芽生长了。

当年参与这套书的人很多，我仅是其中一员小将。聊述战场，回思天宝，所见不过如此，其实说不清楚它的实况。但这个小侧写，或许有助于今日阅读这套书的大陆青年理解该书的价值与出版经纬，是为序。

史笔文心两生花

乔衍琯

章学诚是清乾嘉间的学者，他一生穷困交迫，靠教学和帮地方官编方志过生活，而能力学不倦，终于有成，是值得我们敬仰的。

他的著作很多，最重要的便是《文史通义》，实际上还应该包括《校雠通义》和《方志略例》。主要的内容在讨论史学、辞章、整理图书文献的方法以及怎样撰写成功的地方史。

因为本书所讨论的多是学术方面的原理和方法，很难把它用通俗的文字作浅近的介绍。譬如他主要的学说——"六经皆史"，总要能对六经和历史都有相当的认识，才能领悟到他所说的真谛。

所以笔者采用避重就轻的方式，就是虽是重要的学说，可是不容易了解，也就是前人所说的"非初学所急"的部分，介绍从简；而比较容易接受的部分，或是可以用于读书为学的方法，做比较多的介绍。

写的方式，既不是选几篇代表性的作品，加以注释、语译，也不是综合性的叙述，而是采折中的方式：就是某一章节，以一两篇的原著为主，叙述其大意，而参照有关的篇章，加以补充。章氏距今已两百多年，这两百多年间，受西方文化冲击，学术研究的方法、取材、观念，都有了相当变化，笔者也略加补充和批评。希望读者能透过这本书，进而读章氏的原著。

　　章氏立说，多很深入，笔者希望能用浅出的方式，加以介绍。能不能达到这一目的，还请博雅之士指教。

目　录

前　言

一、章学诚的遭遇

我国学术史，大约可分为汉学和宋学两大时期或派别。清代从顾炎武起，到了乾嘉时期（约18、19世纪），以训诂考据为主，标榜复兴汉学，实在不妨说是"清学"，形成一股莫之能御的潮流。章学诚便生在这一时期，他生于乾隆三年，卒于嘉庆六年（1738—1801），却不甘心随波逐流，甚且屡次强调为学不可趋风气，贵在有精思卓识。他修了若干方志，纂修《史籍考》，撰有《文史通义》《校雠通义》《方志略例》等。提出"六经皆史"；修史当重义例；史学著作和史料有别；要能"辨章学术，考镜源流"；方志所重在文献，不在沿革；为文贵在成一家之言；文集出而诸子亡等说法。当时少有人能认识他这些卓识高见，因而不仅鄙视，甚至反对。可是后来渐渐受人注意，到了近年，益发受人重视，从而有了很多讨论、研究章学诚的文字，而他的一些学说，也有了影响，譬如他六经皆史的学说。自古相传修史的体裁有三：编年、纪传、纪事本末。他特重最晚出的纪事本末体，恰好和西方人撰史的体裁相合，形成一枝独秀的情势。这实是他见识远大之故。

但这样一位历史性的人物，一生却有很多遗憾。

终其一生，贫困交迫，怀才不遇。虽勤于著述，但生前便多遭庸俗之士篡改，复多散佚，倾毕生心力所注的《史籍考》，更是亡佚失传。

身后其学术上的成就，始渐有人注意。近百余年间，西风东渐，学术研究的目标和方法都起了很大的变化，由于和章氏的主张有若干近似之处，加上外国人的引导，才形成中外合流。笔者有两个假设：

其一，如果在章氏的时代，国人能体认章氏的主张，从而发挥、实践其说法，当西学东渐时，是不是会因早有准备，而在迎合西化方面，降低冲突的程度。

其二，如果不是西学东渐，章氏的主张，是否在身后不到百年，便能走出冷冻库成为显学。

笔者对这两个假设，不打算在这里直接写出个人的浅见，但读者如愿稍稍翻阅本书，当能得到答案。

二、章氏遗书

章氏的著作，生前便曾刊行了一部分，如《文史通义》等，而散佚之余，此后曾多次刊行，然全是零星篇章，而以《校雠》《文史》两通义为主。1920 年，浙江图书馆得会稽徐维则铸学斋所藏抄本遗书十八册，编为《章氏遗书》二十四卷，铅印行世。1922 年，吴兴刘承幹，取沈子培所藏王宗炎实斋遗稿原编，加上所得已刊、未刊诸书，分为正编三十卷、外编十八卷、补遗及附录各一卷，搜罗较为完备，由嘉业堂刊行，世称嘉业堂本。而同一年，四川省立图书馆图书集刊，载有《章氏遗书逸篇》，即系补其所遗。1973 年，台北汉声出版社影印嘉业堂本据以增入。

钱穆先生在北京大学讲学时，曾从书贾处得到抄本《章氏遗书》，其中有十七篇为嘉业堂本所未收，也有几篇文字比刊本所收的文字多一些。1978 年，台北华世出版社印行余英时所著《论戴震与章学诚》曾附于卷末，仅有十四篇。今后倘印章氏遗书，当据汉声本，而附钱氏所辑佚文。那么传世的章氏遗著，便大致完备了。

三、《文史通义》

章氏遗著，既以《文史通义》和《校雠通义》最为世人所重，印行的本子也最多。各本之间，卷帙多少，编次前后，文字取舍，每有出入。1980年，台北华世出版社印行新编本《文史通义》，计内篇六卷、外篇三卷，又《方志略例》三卷，《校雠通义》内篇三卷、外篇一卷，附《序跋碑传》等十余篇。

所收文字，除嘉业堂本外并增补遗文，又兼收《方志略例》和《校雠通义》。章氏撰写《文史通义》的本意，原包含方志和校雠，所以华世本能符合章氏的原意。《文史通义》的传本虽多，但以华世本为能探求著者旨意，因此笔者撰写本书，便据华世本。间有引用到华世本以外的章氏著述，全据汉声所印的嘉业堂本。

章氏生前，便有些赞成或反对他的人为文商量讨论，到了身后，更有些碑传和刊书序跋。这些资料，都散见于各家文集或笔记，但所论事项，都是局部而简略的，所以并未为世人所注意。要到民国初年日本内藤虎次郎的《章实斋先生年谱》问世，才为"章学"开了头。

四、《章实斋年谱》

内藤氏所撰的章氏年谱，刊载于《支那学》卷一第三、第四号，时为1920年。胡适因其"太简略了，只有一些琐碎的事实，不能表现他的学说变迁沿革的次序"，因而做一部详细的《章实斋年谱》。这部新谱中有几点新的体例，胡适是这样说的：

第一，我把章实斋的著作，凡可以表示他的思想主张的变迁沿革的，都择要摘录，分年编入。

第二，实斋批评同时期的几个大师，如戴震、汪中、袁枚等，有很公平的话，也有很错误的话……这种批评，不但可以考见实斋个人的见地，又可以作为当时思想史的材料。

第三，向来的传记，往往只说传主的好处，不说他的坏处。我这部年谱，不但说他的长处，还常常指出他的短处。

胡适所撰年谱脱稿于1922年初，嘉业堂本《章氏遗书》还未刻完，所据材料有限。

这时，姚名达也研究章氏一家之学，并受业于梁启超。梁启超的卓识精思，则比胡适接近章氏。姚名达的成果，略述如下：

第一，改编章氏遗书：用新的分类法去改编，把人家批评或记述章氏的文章都附在后面，使读者能得到整个的了解。

第二，作章氏著作年表。

第三，作邵念鲁和朱筠年谱：章氏最推崇邵念鲁，并和他的后人邵晋涵相交甚好。朱氏是章氏的业师。

第四，增补胡适所撰的《章实斋年谱》。

这一增补《章实斋年谱》，再经胡适校阅，加上也曾研究章实斋的何炳松序文，于1928年由商务印书馆印行。当时胡、姚、何三人和而不同的精神，很令人钦佩，值得我们今天效法。胡著姚补的年谱，不到十万字，行文甚为简洁，很合于章氏论文贵简约的意旨。

胡适后来便不曾再对章氏的生平和学术有所论述。而姚名达则在此后撰有《目录学》《目录学年表》《中国目录学史》等。辨章学术、考镜源流，和章氏的校雠之学相近。然而相去虽仅百余年，但治学和著述方式已有相当的改变，所以他的书中论及章氏的地方并不多。姚氏不幸于1942年在江西战地殉国。

说到梁启超，他在近三百年学术史中，很推崇章氏，却未加以论述，而说要另外专门写一学案。结果没有写出来，很是可惜。梁氏治学，多精思卓识，不喜作琐屑考订，其范围兼及文史，跟章氏正相近，实是撰章氏学案的最适当人选，他有志于此而未着笔，是学术史上的一大损失。

五、钱穆、余英时、罗炳绵的批评

钱穆先生也有《中国近三百年学术史》，系分人叙述，其第九章便系论章学诚。章氏的六经皆史、通史优于断代史、推崇纪事本末体、强调《汉书·艺文志》的诸子之学出于王官、校雠之学在辨章学术考镜源流等主张，全都为钱先生所赞同。所以钱先生对章氏的学说，有深契于心之感。且论到章氏史学，并不如他所自述的，是得自王阳明，而系受到《汉书·艺文志》的影响。

钱先生另有《中国史学名著》一书，系在中国文化大学史学研究所博士班的讲稿，论述《尚书》以下的史学要籍十多种，其最后一个半讲次便专论《文史通义》，行文要比《中国近三百年学术史》浅近易读，对章氏在史学上的成就，也是推崇备至。由此可知前后五十年间，他对章学诚的评价并无改变。

钱先生可说是章氏的知音，其门下士也有治章氏学术而有专门著作的。如罗炳绵有《史籍考修纂的探讨》《章实斋的校雠论及其演变》《章实斋对清代学者的讥评》等文，都收入其《清代学术论集》中。

钱门另一高足余英时则撰有《论戴震与章学诚》一书，内含《章实斋与戴东原的初晤》《章实斋的史学观点之建立》《章实斋的六经皆史说与朱陆异同说》等五篇，分析戴氏对章氏学术上的刺激与影响。

六、董金裕、罗思美的批评

董金裕先生有《章实斋学记》，分述：（一）生平；（二）学术思想；（三）治学态度；（四）交游考；（五）著述考；（六）经学；（七）史学；（八）文学；（九）校雠学。其中多引章氏原著，论述文字也用浅近文言，所论则采用传统的有褒无贬方式。

罗思美有《章实斋的文学理论研究》，其前半也综述章氏的生平和学术思想，后半论述章氏关于文辞的观点，而采习用的"文学"这一名称。

关于章氏中英文论著，已到了汗牛充栋的地步，上面只是举其数例而已。

七、扩大为学领域

我们知道修史先要有史料，修史的程序，便是搜集、整理、分析、取舍、排比史料，再事撰写。章氏将历代史籍，区别为史料和著作两大类，他既注重撰写历史，也同样重视史料的搜集、鉴定和利用。

非常可惜的，他晚年纂修的《史籍考》没有流传下来，不过他搜集史料的方法，则散见于其他著述，而幸存的《论修〈史籍考〉要略》等四篇文字，尤其重要。

古人修史，涉及范围很广，试以《史记》为例，八书之外，如孔子世家、老庄申韩、仲尼弟子、孟子荀卿等人的传是学术史；司马穰苴、孙子吴起等人的传是军事史；屈原贾生、司马相如等人的传是文学史；刺客、游侠、滑稽等人的传是社会史；扁鹊、日者、龟策等人的传是方技史；货殖列传是经济史；匈奴、南越等传是边疆民族史……范围已够广博的了。汉书以降，在书志方面，又迭有增益。再加上通典、通志、通考等政书，把史学的范围愈推愈广。不过从六朝分群书为经史子集四部后，史部所摄又自有其畛域，不容轻易超越。

章氏既倡六经皆史之说，又校雠群书、剖析源流，认为四部有互通之道。因而《史籍考》搜集的范围，扩及经、子、集三部，旁及笔记小说，却又能以史学为范围，不遗不滥，适当运用其互著与别裁的主张，不仅把经、子、集三部中涉及史料的部分剖析出来，也提示了一个收集任何门类资料的原则。凡是从事某一专门问题研究，或编专科参考资料目录时，都有参考的价值。

八、互著·别裁·索引

资料搜集后，便需整理。章氏在其《校雠通义》中，提出了三种原则：（一）互著；（二）别裁；（三）编索引。

章氏认为《七略》和《汉书·艺文志》便采用了互著和别裁的方式，这一点很受争议。又如《玉海·艺文部》、明祁承爜（cóng）《庚申整书小记》《经义考》等，都已先采用互著和别裁的方式编目，或提出类似互著与别裁的主张。这并不很重要。值得注意的是前人的编目法和主张并未受人注意，从而加以运用，发生影响力。

其实，《校雠通义》仍旧只是提出互著和别裁的方式而已，但这两种方式在章氏所编的《艺文志》中，便未能加以运用。《论修〈史籍考〉要略》中，倒是多采互著和别裁两种方式，而《史籍考》既已散佚，也无从明了章氏实际运用的情形。即使章氏身后，采用互著和别裁两种方式去编目的也屈指可数，讨论这两种方式的文字则很多，但总是理论多于实用。

直到西方的图书馆经营观念输入，其中若干编目的方式，如见 see，参见 see also 等方式，以及标题目录 subject catalog，有些跟互著和别裁相似，因而用于西文编目，却少用于处理中文资料。但是有些专科书目，如余绍宋的《书画书录解题》、严灵峰的《诸子知见传本书目》等，都采用了互著和别裁方式。无论是否受了《校雠通义》的影响，章氏即使不是发明人，却也不失为先知先觉者。他的说法，虽不算完备，却比前人周密。

至于索引，固然古已有之，和他同时的汪辉祖便编了几种。章氏则能兼顾理论和实际。如今受西方影响，方法要比章氏的周密得多。而他的这套理论，到底是汉家固有的，因也略加介绍。

九、予多于取

章氏的各种主张，固然有所承受，如《汉书·艺文志》《史通》《通志》等，但其对后代的影响，却远大于前人对他的影响。也就是说他丰富了中国学术史。

这些影响，并不跟他在学术上各方面的造诣成正比，而很受客观因素影响。举例来说：他的"六经皆史"说、主张以纪事本末体去修史，都为后人所接受；而修史贵修通史、文辞贵在简约清通的主张，后人几乎视若无睹。他主修的《史籍考》散佚了，后人历次续修，都未能完成，后来却化整为零，只编成了一些断代的、分类的小型史籍目录。这不也正显托出他的体大思精，前无古人，甚且后无来者吗？他的校雠理论，后人讨论的兴趣很浓，却少付诸实践，直到西方理论进来后，才因与西法暗合而有了付诸实施的机会。天下一致而百虑，同归而殊途，不知这是他的幸运还是不幸。

十、爱憎和褒贬

像章氏这样出类拔萃的人，爱之者欲其生，恶之者欲其死，虽盖棺已久，却仍不易论定。笔者选取正反两方面的批评，好让读者有客观评断的依据。

胡适说：为人写传总是有褒无贬。他本人编《章实斋年谱》，实际上是褒多于贬。不仅记述他人对章氏的褒贬，就是其他各章也是就事论事，褒所当褒，贬所当贬。虽然对近两百年前的人施予褒贬已无益或无损于其本人，但下笔的人仍须持平，尽量摒除成见。

对章氏褒贬的文字既多，要想做一综合性的叙述，自不容易，且也没有必要，姑且选取张尔田、钱穆、李慈铭、余嘉锡四家。褒贬各占其半，其中多能平心静气，就事论事，却也有无的放矢的空论。读了以后，再批评他人时，也许能做一参考：怎样的批评，能让人心悦诚服；怎样的批评，又徒见自己的浅薄。

文章千古事，得失寸心知。最好的批评者，应是作者自己。退而求其次，才是读者。

第一章

穷困的一生

第一节　章学诚的生平

一、小传

章学诚，字实斋，号少岩，原名文敩（xiáo），生于浙江省绍兴府会稽县。清乾隆三年戊午（1738）生，嘉庆六年辛酉（1801）卒，享年六十四岁。

他的祖父名如璋，字君信，是候补经历。"惇行隐德，望于乡党，尤嗜史学，晚岁闭关却扫，终日不见一人。取司马《通鉴》，往复天道人事，而于'惠迪从逆吉凶'所以影响之故，津津乎益有味乎其言。"（《外集·刻太上感应篇书后》）

父名镳，字骧衢，也作双渠，号励堂，又号岸斾。乾隆七年壬戌（1742）进士，十六年（1751）做湖北应城知县，到二十一年（1756），因轻判了一个疑狱而被免官，太穷了，不能回家乡，只好留滞应城有十多年，而士民亲附如家人。

学诚出身官宦之家，书香门第，却很贫困。这种情形，可以说终其一生，都未曾改变。然而他却能在逆境中努力奋斗，不计较物质生活的艰难，著了几十种书，创立了许多深受近人推崇的学说，可是在当时，却少有人能赏识他。"古来圣贤皆寂寞"，李白正因为他那远超越常人的胸怀遇不到知音，而发出慨叹。《孟子·告子篇下》说："故天将降大任于斯人也，必先苦其心志，劳其筋骨，饿其体肤，空乏其身，行拂乱其所为，所以动心忍性，曾（同"增"字）益其所不能。"则得到一个明证。

学诚的祖先，从南宋时起，就住在会稽县偑山南的道墟。到了清乾隆时，道墟的章氏已有一万多人，人口多，土地贫瘠，种稻不够地方上吃的，所以就有种木棉、酿酒、做师爷三种职业。居民大都明锐而疏达，做事业往往有成就。可知他的家乡就不是一个富庶的地方。而他的父亲少孤，先祖遗书散失，家贫不能购书，只好向别人借阅，随时手笔记录。

五岁时，父亲中了进士，仍然落得在乡间以教授为生。过了十年，父亲才谒选得官湖北省应城县知县。为官很公正廉明，尤其断狱，能够持平不冤枉百姓。母亲则持家勤俭，把一个柜子封锁起来，有剩余的钱就投进去。父亲做了四五年的知县，因为失于轻判疑狱而免官，接任的人在交接时挑剔苛刻，幸而母亲打开柜子拿出千金，用来弥补亏损。因而贫困不堪，没有路费可以回家乡去，只好留在应城，以教学维持生活，这时学诚十九岁。到乾隆三十三年（1768），父亲在应城县去世，闻讣竟穷得不能奔丧，到次年才扶枢附湖北粮船北上。

乾隆三十年（1765），始学文章于朱筠，朱筠一见便觉得先生可以写成千古不朽的文章。可是谈到应付考试的"时文"，朱筠说："你恐怕与科第无缘，时文对你来说，不能学，而且也不足学。"章氏答道："我家太穷了，为了奉养年老的双亲，所以不能不希望得到功名，有较好的收入。"从前的文官，待遇多是很优厚的，可是他一直到四十岁才中举人，次年成进士，一辈子都没做成官。

也就是在这一年，他第三次到京师，仍居国子监中，没有知心的朋友。第三次应顺天乡试，沈业富参与阅卷工作，曾把章氏的文章荐给主司，却未录取。沈氏感到很惋惜，于是请章氏到他家教子弟，好让他专心校雠工作，章氏也奋发向学。

乾隆三十一年（1766），仍在国子监，继续跟随朱筠学文章，并寄居在朱筠家。和程晋芳、冯廷丞、蒋秦树等，"为燕谈之会，晏岁风雪中，高斋欢聚，脱落形骸，若不知有人世。"章氏受教于朱筠，很受赏识、提携，对他的影响很大。而久居国子监，贫而无名。欧阳瑾摄任祭酒，拔擢章氏名居第一，所有的六馆之士皆很诧异。欧阳氏却说"是子当求之古人，固非一世之士也"，待他更厚。乾隆三十二年（1767）秋天，修《国子监志》，于是令他专司笔削。这时朱筠被诏撰《顺天府志》，他也参与修撰工作。

乾隆三十三年（1768）从朱筠家搬到族兄先功处，四月以后，暂时停止各书工程，专心读书好准备秋天应考。这一次朱筠和朱菜元皆任顺天乡试同考官，章氏应试仅中副榜。菜元在邻座见到章氏的对策，论述国子监的得失，惊叹不止，怪六馆的师儒怎么埋没了这样的人才，于是大家稍稍注意到他了。这年冬天他父亲死了，穷到无法奔丧。

乾隆三十四年（1769），居父丧，移灵北上，家口十七八人到京。几年之间，都在编修《国子监志》，乾隆三十六年（1771）随从朱筠离京到太平主安徽学政。这一年当也应过乡试，年谱中没有记载，大致是因为没有什么值得记的事情。

乾隆三十七年（1772），到过宁波、会稽，又回到太平。岁末再回会稽，住族兄孟育家。次年，由宁波过会稽、太平到和州，编《和州志》。乾隆三十九年（1774）章氏应当是第六次参加乡试的，不过年谱未记载。

乾隆四十年（1775）返京，这时开馆修《四库全书》，人才多集于北京，与邵晋涵、任大椿、任朝、胡士震、沈棠臣、裴振等人时相往返。可是修《四库全书》却没有他的份。次年，仍困居北京，援例授国子监典籍。此后，屡馆畿辅，至于携家自随，中间经历了几番悲欢离合，遭逢了多次死丧、危疾、困厄、患难。乾隆四十二年（1777）主讲定州的定武书院，永清知县周震荣请他主修《永清县志》。秋天入京应顺天乡试，主考官是梁国治，很赏识他，七次应试，终于中了举人。章氏七次应试，经过了十八年，到四十岁时才录取，非但不因一试定终身，却成为著书立说，能够永垂后世的学者。

乾隆四十三年（1778），成进士，归部等待铨选。而他自认为秉性迂疏，不适合做官。续修《永清县志》。这一年丧母，次年生了一场重病。秋天，在座师梁国治家，课读其次子。第二年辞馆。前三年，在河南遇盗，这以前所撰的文章，全都遗失了。虽有张维祺聘主肥乡清漳书院，生活仍极艰困，屡次写信给梁国治、邵晋涵等求救。

乾隆四十七年（1782），主讲永平敬胜书院。四十九年（1784），就保定莲池书院之聘。次年冬，馆同年生潘庭筠家，五十二年（1787），因失去梁国治的奥援（去年卒），不得不辞莲池书院的讲论，侨寓保定，闻戊戌进士开选，投牒又舍去。冬天，到河南见巡抚毕沅，想借毕氏的力量修《史籍考》。次年到归德，主讲文正书院。五十三年（1788）毕沅升任湖广总督，章氏辗转亳州、武昌、太平、安庆间，非常窘困。五十四年（1789）春，馆于安徽学使署中，负责为学使徐立方辑宗谱工作。秋天，在亳州为知州裴振修州志。

乾隆五十五年（1790）三月，到武昌，襄阳馆事未成，为毕沅编《史籍考》和《续通鉴》。后来并修《湖北通志》。五十九年（1794），毕沅降补山东巡抚，章氏也离开湖北。除《续通鉴》外，《史籍考》和《湖北通志》都未完成。次年，到过会稽和扬州。

嘉庆元年（1796），托安徽巡抚朱陆推荐到河南大梁书院或直隶莲池书院，好解决生活上的艰困，专心于修《史籍考》。三年（1798），在杭州，借谢启昆的力量，补修《史籍考》。四年（1799），乾隆帝崩，嘉庆帝亲政，权臣和珅赐死。和珅擅权数十年，贪黩无厌，身后抄家，财富可抵十九年朝廷预算。所以他的倒台，使当时人心一振。先生游踪遍于南北，深知当时的利弊，所以这一年写了六篇论时政的文章。眼睛生病，已不能书写，而要靠口授由他人笔记，仍留下了一些著作。

嘉庆六年（1801）十一月，章氏卒，年六十四。

第二节　贫困交迫

乾隆三十三年（1768），父亲在湖北应城去世的时候，他穷得不能奔丧，这时他已三十一岁。

此后三十多年中，他始终贫困交迫，为了生活，有时寄人篱下，仰人鼻息，甚至牺牲自己的志趣。再加上骨肉至亲连续多人死亡，连所读的书，所写的著作，都遭到意外的损失。真的是，不如意事，十常八九，学诚一生在横逆中度过。

乾隆三十七年（1772），有《候国子监司业朱春浦先生书》，申述脱离国子监志局的原因，又说："学诚家有老母，目前所得到的薪水，不够家用的。十口之家，住在外乡，实在生活不下去。以至于不时压抑心中真正想说的话，好稍稍符合这一时代的风尚。"

乾隆四十年（1775）秋，由浙江还北京，家道更贫，而交游却更广，只好迁居金鱼池陋巷。在《庚辛亡友传》中他说：乾隆四十一年时，"困居北京"。又说：四十五年（1780）冬辞掉梁国治家的馆事，而"岁事殊窘"。由这些资料，可以窥知他一生困窘的实况。

一、病和死

长年贫穷，生活自必非常艰困。如果再生病，生活更窘迫。而章氏在《周筤谷别传》中说："己亥、癸卯，两遭危疾。"所说的分别是乾隆四十四年（1779）在永清和四十八年（1783）在北京的事。后一次幸亏友人邵晋涵把他带回家中，请医生诊治。嘉庆五年（1880）他六十三岁时在《邵与桐别传》中自道："目废不能书，疾病日侵，恐不久居斯世。"

但学诚自己还只是生病，家人有不少亡故的。计有：

乾隆三十三年，丧父，学诚年三十一岁。

乾隆四十三年，丧母。

乾隆四十五年，第三女幼殇。

乾隆四十七年，季妹死于北京。

乾隆五十二年，长孙女和第五子俱殇。

乾隆五十四年，有儿妇（长子贻选之妇）之丧。

乾隆五十五年，长孙殇于亳州侨寓。（除父丧外，均见《丁巳岁暮书怀投赠宾谷转运》）

他五十岁到五十三岁，四年之间，儿孙两辈，死去四人。老病相侵，再加上白发人送黑发人，其哀恸可知。

二、意外的打击

生老病死，都是无可奈何的事，更何况还有一些意外打击呢：

乾隆三十四年（1769），章学诚从应城移父柩北上时，书箱为漏水所侵，把父亲随身的三千多卷书，损失了三分之一。

乾隆三十六与三十七年间（1771—1772），辗转于江苏、浙江和京师，书籍颇有散失。又曾遭过一次小偷，连装父亲的遗稿的箱子也被偷去了。

乾隆四十六年（1781）三月，到河南找机会，不得志而还，中途遇盗，把随身的行李，以至生平著述的手稿，几种好的版本，全都抢了去，仅身穿短葛，狼狈走投同年生张维祺于直隶肥乡县衙。

乾隆五十二年（1787），听说戊戌年所中的进士开选，于是到北京吏部投牒，遇到宵小剽劫，生计索然，在友人家辗转混生活，这样约有一年光景。这年冬天，原有希望做知县，忽又决计舍去。

失去钱财，固然影响生计，而失去了书，读书人也就无所凭借了。所以当周永年将所藏的近十万卷书，编成《借书园书目》，好供学者阅读与传抄的时候，他便也很表羡慕和推崇之意。

三、生之者寡，食之者众

章氏之贫困除了财源太窄外，还因家口太多。

上文提到在乾隆三十七年（1772）时，他有"十口之家"，随着住在外乡。四十四年（1779），家口增至十七八人，赁居在北京柳树井冯廷丞的住宅。

四十九年（1784）时，家口从永平搬到保定，以后渐增到二十人。以前的大家庭多至十几二十口人，流寓外乡，要租房子住，开支浩繁，其苦可想而知。而章氏一辈子都是以教馆授徒，或是帮人编书为业，收入都不多，加上在每个地方都待得不久，常常搬家，旅费是一大笔开支，而行李家具，也要经常换置，长期下来家计自然捉襟见肘。

四、不合时宜

从章氏成家之后的四十年间，无时不在穷窘中度日，这一方面是因缺少有地位、有力量的人士能够真赏识他，尽全力帮助他，致使他到处奔波，所谋得的职务尽是收入有限的短差事；另一方面，与他自己的不合时宜，也很有关系。

一是时运不佳，到四十岁才考上举人，在这以前，没有做官的资格。等到有官可做，却又自认志趣不投，断然舍去。

二是他志在读书、著述。不然凭他的学识、文笔，又是绍兴人，给人做幕僚，走"绍兴师爷"的路子，必定是个高手。但章氏连官都不肯做，更何况是做幕友呢？

三是他恃才傲物，在"人和"方面，非常吃亏，这可能是他做事不能久于其任的主要原因吧！用唐刘知几《史通》的篇名来说，就是"忤时"。

其实章氏很有自知之明——"颇乖时人好恶。"（《上钱辛楣宫詹书》）他不合时宜，可以分两方面来说：

一是学识方面，因为他有很多卓越的见识、观点跟古人以及时人不一样，因而人们不能够了解他。譬如修方志的体例，他二十七岁时就有《修志十议》，晚年纂修《湖北通志》，都有特出的见解。有的人赞成，采用他的方法、体例，但也有人反对，甚至于删改他所修的志书。

此外他又好批评人。比如他对袁枚，就始终存着深恶痛绝的态度。而据罗炳绵的《清代论学集》中《章实斋对清代学者的讥评》一文中，认为章学诚和袁枚论学，相同的比相异的还多：

（一）六经皆史论。

（二）袁枚"著作与考据"之说，近于章氏的"学问与功力之辨"。

（三）论汉赋意见相似。

（四）言公。

（五）反对自矜所托。

（六）反对著作文字而繁征博引。

可是章氏有时竟指袁枚是倾邪小人，其人不学无识，视学问如仇雠，从而认为朱筠兄弟不应和袁枚交往，这一想法不免太偏激了。

罗炳绵的文中所列举章氏讥评过的清代学者除戴震、袁枚之外，还有汪中、洪亮吉、孙星衍、冯景、龚元玠、方苞、汪琬、陆陇其、陈熷等。

论学问固然要分辨是非，然而杠子抬得多了，很容易流于意气之争，而有偏激之论。对自己来说，不仅是浪费精力，更有失厚道，而且有伤和气。

嘉庆初年，谢启昆主修《史籍考》，曾燠推荐章氏参与工作，谢启昆便因章氏和他的宾客或朋友如孙星衍、袁枚等不合，对章氏有了成见，再加上以前增订"史考"时意见曾发生冲突，因此不肯重用章氏。

一个人的学识过人，如再能谦和待人，必然相得益彰；若恃才傲物，非但对自己是一大损失，也少了些切磋的对象。而章氏在为人处世方面，常常任性使气以致在"人和"方面吃了很大的亏。

他在乾隆四十二年（1777）冬天，认识了罗有高，罗氏持长斋，不吃肉。他问罗氏说：

"佛家说因人吃羊，所以死了会转世为羊；而羊死后则转世做人，是真的吗？你所吃的东西，到了来生，就会反报吗？"

"是的！"罗氏答道。

"那么贫民想要发财，只要去抢劫、杀害富豪巨商；地位低贱的想要成为贵人，只要劫刺高官。到了来生，因为会反报，不都成为富人、贵人了吗？"

罗有高虽无力反驳他，但对章氏不信他的话，感到惋惜。

又如周震荣曾经介绍他到定武书院去任教，请他修《永清县志》，屡次同游，常有书信往返。周氏撰有《养蒙术》一文，论述教育学童的方法，有一天和章氏讨论这一问题。章氏极言宋人吕祖谦的《东莱博议》和唐宋人论事的文章，不可以做入门读物。因为会揠苗助长，立时枯槁而死。他的说法是针对周震荣而说的。

但周氏对自己的见解相当坚持，章氏气急，拉起衣襟，涨红了脸，用丑语相诋。他们的朋友周棨和张维祺从外面回来，章氏也顾不得打个招呼。维祺赞同震荣的说法，章氏言语之间就更加急切了。

这时他们的僮仆都到门口看热闹，讥笑说："保定是省会所在，不去巴结逢迎那些有权势的官员，净为这些废话争吵不休。"于是举起他们的钱包相示，说道："无怪我们这些做下人的都混不饱肚子。"

章氏听了失笑，要了酒来痛饮，大醉别去。

震荣自然也不介意，这年冬天，便出个主意并介绍他去河南见巡抚毕沅，借他的力量修《史籍考》。

朱筠对章氏的培植、提携、爱护，可说不遗余力了。而他在朱筠的面前也特别议论风发，朱筠也乐于跟他谈论。他却时常讪笑，一点做弟子的规矩都没有，旁人看了都觉得说不过去，朱筠却一笑置之，不以为意。

赏识、了解他的朋友，自然能包容他种种令人难堪的言行，但一般人便不会轻易地谅解。他到处谋职，却常不能久于其任，这不能说不是一个重要因素。

乾隆五十九年（1794），他参与纂修的《湖北通志》脱稿了，当时的湖北巡抚惠龄，不喜他的文字，也有其他人加以谗毁。有一位名叫陈熷的进士，请他推荐担任"校刊"的工作，他以为"校刊"一职不过是校正字句的脱误罢了，故毫不考虑就荐给当道。想不到陈熷到任后，却大驳《湖北通志》全书不当的地方，认为要重修才行。当事者很赞赏这些意见，批道："所论具见本源。"章氏非常愤恨。等到湖广总督毕沅入觐后回省，就命章氏答复陈某的意见，从这件小事也可看出他缺乏知人之明。

五、困学有成

章氏一生在贫困中度过，生性又不合时宜，而读书为学，则很有成就，其实如果我们细审他的求学过程可以发现很不顺利。

就拿资质呆笨这一点来说，他自己就说过："幼年多病，一年当中，拼拼凑凑，大约还读不到两个月的书。而且资质椎鲁，每天只能读上一百多字，还常常因为生病而耽搁下来。"（《与族孙汝楠书》）到十五六岁时，随父亲在应城官舍，孩童之心还未完全消失，县里的宾客都担忧他父亲的后代没有出息。有人说些违心之言来称誉他，他也就不知天高地厚，自以为了不起。春秋佳日，有时联骑出游，回来一定写一篇游记，别人也就加以叹赏。

一直到二十岁以前，性情还是非常駚（sì）滞。读书一天不过三两百字（以前每天读的书都是要背得熟的，这一进度，仅能算中下之资）。

他早年的老师，又多见解迂腐，十四岁时，在表兄弟杜秉和家受教于同县王浩，王浩迂阔不习世事，常常体罚学生，曾几乎打死了人，其残酷可知。到这一年，四书还未读完呢！

十七岁时，买到朱崇沐校刊的《韩文考异》，可是学塾里的老师，除去科举要考的范围外，不许看其他的书。韩愈的文集是不考的，所以只好藏在书箱中，夜间在灯下偷看。还不能完全了解，但是喜爱得不忍丢下。

到二十五岁肄业国子监时，自己还是觉得神气得很，不知人世艰难，但每次考试，学官总把他列为下等。每次三四百人考试，哪怕只淘汰六七个人，他也必定在这几个人当中。祭酒以下都瞧不起他，同学也不把他放在眼里。每次公布成绩，他也去看看名次，连工友都斜着眼笑他："像这种人也来看名次。"但这个榜末生却也不把祭酒以下的那帮人看在眼里。

次年，结识曾慎、甄松年等，都成了好朋友。自认这时学力还不够充实，所说的少有征引前人的说法，只是根据心中所想象到的，可是后来书读多了，觉得早年的想法却也和书中所说的相去不远。曾慎当时也很赞同他的说法，不过劝他对人处事，要能合乎时宜才好。

这两年他和一些志同道合的人书信往返，讨论写作文章的方法，编成《壬癸尺牍》一卷，可惜如今已不存了。但《方志略例》卷三有《答甄秀才论修志书》两件，《论文选义例》两件，也许是尺牍中残存的部分，可以看出他早岁对文辞的见解。

章氏二十七岁时，修《天门县志》，有《修志十议》，便看出他已有独到的见识，不但有些发前人所未发的主张，也很有些意见为同时和后来的人采用。当然也有些反对的意见，而他自己也不断改进，到了晚年，修正之处不少。充分显示出他不划地自限，不断推陈出新的精神。

次年，学文章于朱筠，很受朱筠的赏识，他也自认得益最多。到了晚年，却能修饰朱筠的文字，可说青出于蓝。既可看出他壮年力学不倦，又可看出他终学有所成，而当仁不让于师，不负良师的教导。

由上所述，可知章学诚的天赋早年比常人笨得多，可是他能力学不倦，终能突破瓶颈，发挥他的另一天赋，在学问领域的见识上，不同流俗，远远超越常人。而这些见识和学问上的造诣，当时固然有些人欣赏，从而相互砥砺切磋，如朱筠、朱珪兄弟、周震荣、族孙汝楠等。而在工作上则以毕沅最能赏识并加以提携，请他修《湖北通志》和《史籍考》，让他有机会一展其才，且对他撰写《文史通义》等重要著作，也有帮助。

六、不朽的著作

章氏在极其艰困、恶劣的条件下，力学不倦，终于有成。因而撰写了不少极有见解的著作，这些著作，对后世有很大的影响。不过在当时，撰写的环境也很坏，写成后又多有亡佚。

章氏十六岁时，就曾取《左传》删节事实，他父亲见了对他说："《左传》是编年体，你删节的结果，还是编年体，何不改写成纪传体，把《左传》中同一年月的资料，依照本纪、列传、书志等体裁，分到适当的部分呢？"他才开始注意到纪传体的历史。

这时他随父亲在应城官舍，能看到的书不多，就私下向妻子求得些首饰，去换些纸笔，利用衙门里的职员，抄录《左传》《国语》《战国策》等史书，和春秋战国的各家子书，再按照自己的意思加以区分，依照纪传体，编成本纪、表、志和列传，共有一百多卷，名为《东周书》。花了三年工夫，最后还没有完成，却被老师发现了，责备他不用心去学做"时文"，也就半途而废了。这未完成的"少作"，当然不传于后世，但可看出他早就斐然有著述之志了。

过了二十岁，读书大有长进，特别对于史部的书，打开一看，就好像这是早已读过的一样。对书中的利弊得失，随口便能举出，而且通常是很恰当，和二十岁以前驽滞的本性相比，好像变作两个人。二十三四岁时有不少笔记，后来都遗失了。我们现在只知他论正史在本纪、表、志和列传之外，还应当有"图"。列传在儒林和文苑之外，还要有"史官传"，这些见解都相当独到。

二十五六岁两年间，和一些朋友往返论文的书信，装满了书箱，选编成《壬癸尺牍》一卷，后来只残存了几篇而已，已见上文。

此后的著作便很多，可惜有些都失传了，流传至今的，多收入《章氏遗书》，计三十卷，外编十八卷（实计二十卷，又补遗等三卷），王宗炎编，刘承幹校订并刊行。其目录如下：

　　但刘氏嘉业堂刊本《章氏遗书》并不完善。1980年，华世出版社印行《新编本文史通义》，合《方志略例》和《校雠通义》于一册，增补了若干篇，是嘉业堂本所未收的。

　　然而章氏的著述，亡佚的不少，最重要的便是《史籍考》三百二十五卷，其书不可详考，然章氏晚年曾多年致力于此，则可确知。如今仅存四篇：《论修〈史籍考〉要略》《史考释例》《史籍考总目》《史考摘录》。加上其他著述中的零星记载，还可考知其纂修经过、规模、体例等。

　　还有一些方志，系章氏纂修，然而经过他人删改，为章氏遗书所未收，如《天门县志》《麻城县志》等，虽另有刊本，然已无从分别哪些是章氏所修，哪些是他人所改。

　　《方志略例》卷三《为毕秋帆制府撰〈荆州府志〉序》说：

会湖北有通志之役，聘会稽章典籍学诚考次其事。章君雅有史识，与余言而有合。崔君（主纂《荆州志》）又屡质于典籍，往复商榷，时亦取衷于余。

章氏所修的是《湖北通志》，至于《荆州府志》，只曾往复商榷，有如所问，未必参与编纂的工作。

章氏的著作不仅多，而且也建立了一家之言，对当时和后世都有些影响。

七、不平凡的学识

章氏的学术思想，得自《汉书·艺文志》和宋人郑樵。钱穆的《中国史学名著》的最后两篇，专论《文史通义》，有几段话论章氏的学术：

讲中国古代学术，章实斋有其极大的创见，可说从来讲学术流变没有讲到这一方面去，而他是根据了《汉书·艺文志》。在大家读的材料中，发明出大家没有注意的见解来，此实难能可贵……研究他的学问，该看重他讲古代学术史，从《汉书·艺文志》入门，然后才有"六经皆史"一语。

他对于以前的史学家中间，又特别看重郑樵。《文史通义》

里，特别有一篇《申郑》，他说："郑氏所振在宏纲，末学所求在末节……史家著述之道，岂可不求义意所归。自迁固而后，史家无别识心裁，所求者徒在其事其文，惟郑樵有志乎求义。"

　　章氏又有《校雠通义》，即是根据郑樵的《校雠略》而取名。章氏把郑樵的《校雠略》回溯到前面刘向、刘歆的《七略》，而提出他所谓的"辨章学术，考镜源流"这八个字来。这是章氏《文史通义》里最大的贡献所在……讲求学术史，都该从此下工夫。如要讲史学，便要在全部学术大体中来懂史学，要从三千年的史学演变中来懂得史学究竟是怎么一回事，这就是章氏所谓"辨章学术，考镜源流"。当然不止史学如此，别的学术亦然。

由此可知章氏能从《汉书·艺文志》和郑樵的著作中，发现其精义所在，并有新的发明。

　　而他对《汉书·艺文志》和郑樵的错误，也毫不留情地加以批评。《校雠通义》的第七节是补郑，第十节是补校《汉书·艺文志》，第十一节是郑樵误校雠志。这些节固然是专论刘向和郑樵的校雠学，其他节论到的也不少。他所论的未必都很正确，但却因而引起后人的批评，也使得校雠这门学问受到后人的重视。

　　章氏在学术上，建立了若干理论，如六经皆史、辨章学术、考镜源流、文史并重等。可惜他实践的机会不多，譬如他不像刘歆曾修过《汉书》，刘知几曾预修国史，郑樵编有《通志》。他对重修《宋史》很有兴趣，可是缺少同志，而自己无论在人力和财力方面，都不足以独自担当这一工作。

刘向等编撰了《别录》和《七略》，是《汉书·艺文志》的蓝本。郑樵汇集了历代艺文志等，编成《艺文略》，又有《图谱略》和《金石略》，而《校雠略》则是理论部分。章氏则修《史籍考》而未成书。所修的几种方志，有的有艺文志，然而收书太少，不足以供他发挥驰骋。所以《七略》创立了六分法，把当时的学术和图书，分为六大类（略），三十四类（种）。郑樵打破传统的四部分类法，分为十二大类，一百家，四百三十二个细目。对后代都很有影响。章氏曾想把分类系统由四部返回《七略》，把别集强分到诸子略。后来发现这种开倒车的办法行不通，所以他所修的方志艺文志仍然采用四部分类法，《史籍考》总目仍就四部的史部类目，稍加改易。而别裁、互著的说法，则有些不能自圆其说。

他对理论的实践，是纂修了好几部方志，所以他对修方志的方法，颇有改进，且不乏创见。又从修志的经验中不断加以改良，以求更加精善。

章氏的盛年，正逢纂修《四库全书》的时候，以他的才学，比当时的一些纂修人员高出很多，可惜他缺少有力人士的引荐。要是他能参与其事的话，对纂修工作，一定有很大的贡献，而他也可以在工作中施展他的才学、抱负，对其在理论方面的发明和阐扬，一定大有帮助。他也有志于此，然而却苦无机会，故常有怀才不遇之感。

八、怀才不遇

《文史通义·卷四·质性》篇说：

太史迁曰："余读《离骚》，悲其志。"……此贾之所以吊屈，而迁之所以传贾也，斯皆三代之英也。若夫托于《骚》以自命者，求其所以牢骚之故而茫然也……夫科举擢百十高第，必有数千贾谊痛哭以吊湘江，江不闻矣；吏部叙千百有位，必有盈万屈原，搔首以赋《天问》，天厌之矣。孟子曰："有伊尹之志则可，无伊尹之志则篡也。"吾谓牢骚者有屈贾之志则可，无屈贾之志则鄙也。然而自命为骚者，且纷纷矣。

屈原、贾谊、司马迁，都是极不得意的人，章氏这段话实是夫子自道。他在科第和做官上也都很不得意，而和他同病相怜，仿效屈原做《离骚》的人很多，但在章氏看来，他们都没有"屈贾之志"，牢骚发得鄙下。

同卷《俗嫌》篇说：

往学古文于朱（筠）先生，先生为《吕举人志》，吕久困不第，每夜读甚苦。邻妇语其夫曰："吕生读书声高而声节凄悲，岂其中有不自得耶？"其夫告吕，吕哭失声曰："夫人知我，假主文者能具夫人之聪，我岂久不第乎？"由是每读则向邻墙三揖。其文深表吕君不遇伤心。

这又是一段夫子自道，自伤不像吕举人那样幸运，能得到知人冷暖的邻妇。

《文史通义·卷四·说林》篇有一段说：

宝明珠者，必集鱼目；尚美玉者，必竟碔砆。是以身有一影而罔两居二三也。然而鱼目碔砆之易售，较之明珠、美玉为倍捷也。珠玉无心而碔砆有意，有意易投也。珠玉难变而碔砆能随，能随易合也；珠玉自用而碔砆听用，听用易惬也。珠玉操三难之势而无一定之价，碔砆乘三易之资而求价也廉，碔砆安得不售，而珠玉安得不弃乎？

这是阳春白雪，而曲高和寡的意思，可见章氏自视甚高，而目中无余子。

《说林》的次篇是《知难》，略云：

读其书者天下比比矣，知其言者千不得百焉；知其言者天下寥寥矣，知其所以为言者百不得一焉……贾生远谪长沙，其后召对宣室，文帝至云："久不见生，自谓过之，见之乃知不及。"君臣之际，可谓遇矣。然不知其治安之奏而知其鬼神之对，所谓迹似相知而心不知也。

刘知几负绝世之学，见轻时流，及其三为史臣，再入东观，可谓遇矣。然而语史才则千里降道，议史事则一言不合，所谓迹相知而心不相知也。

刘知几的遭遇，要比章氏好得多，因为他有机会三次预修国史，然而仍不免引起章氏的感慨，所以《知难》篇的结论说：

是以君子发愤忘食，暗然自修，不知老之将至，所以求适吾事而已，安能以有涯之生，而逐无涯之毁誉哉！

可惜章氏有时知及之而仁不能守之。

《文史通义·卷三·感遇》篇说：

古之学术简而易，问其当否而已矣。后之学术曲而难，学术虽当，犹未能用，必有用其学术之学术，而其中又有工拙焉。身世之遭遇，未责其当否，先责其工拙。

刘歆经术而不遇孝武，李广飞将而不遇高皇，千古以为惜矣。周人学武而世主尚文；改而学文，主又重武。方少而主好用老，既老而主好用少。白首泣涂，固其宜也。

汉武读相如之赋，叹其飘飘凌云，恨不得与同时矣。及其既见相如，未闻加于一时侍从诸臣之右也。

昔扬子云早年以雕虫获荐，而晚年草玄寂寞；刘知几先以词赋知名，而后因述史减誉。诚知其不可奈何而安之若命也。

这和《知难》篇的说法相近。接下去是一篇《感赋》，这是章氏全书中仅有的一篇感性文字，因为他是现身说法，历引一些历代怀才不遇的人，这一篇文字情意真切，放在《昭明文选》六朝人的短赋中，也不觉逊色。可见他对《昭明文选》的一派文字是不屑于做，而不是不能做。

同卷《杂说》篇有一段：

学问以知人，知学先须知人，知人先须自知，自知所长易，自知所短难。自知所短易，自知所长之中犹有所短难。知长中之短，则进学自不容已矣。自知既明，则不患不知人矣。人各有长有短，与人相形，见短而不以为患者，特别有所长也。知长中犹有所短，而丧然失所恃矣。然不学亦不知也，学而能知长中之短，则成矣。

章氏的怀才不遇，是他自己的不幸，也是中国学术上的不幸。不过话说回来，所谓"诗穷而后工"，从事学术研究，著书立说，又何尝不如此。穷的意思是不走运，相反的便是通达。学术上有成就，尤其是有大成就的人，多是在当时不得志的人。如果章氏一生都很顺利，不受那么多的挫折，说不定没有后来的成就。

不过他的遭遇，也不能算太坏。他有知书识理的父亲，良师益友的教导、切磋；赏识他的朋友、提携他的官员。所以才能有后来的成就，从这方面看，他应差感自慰了。

在求学和服务社会的过程中，如果我们很顺利，那当然是称心如意了。可是总难免会遇到些挫折，那也不要灰心，而要努力奋斗，先适应环境，再克服艰困，向着一定目标迈进，必然有成功的一天。

章氏在学术上，颇能自知其"长中之短"，故他自言是"高明有余，沉潜不足"。意思是常有超越常人的见解，可是做学问有些地方不够细密，难免错误。要是他也能察知自己和他人讨论学问，以及对人处事，有时失之偏激，应该会心平气和些，从而减少一些无谓的争执，改善人际关系。把和人争执的精力，用于研究学术，当能有更多的成就。

第二章

论经说史

《汉书·艺文志》有《六艺略》，将《史记》等史书约十一部，都收入《春秋》。换句话说，我国虽早有史官，修过一些史书，不过他们都认为自己是在从事《春秋》之学，而不是史学。直到东汉中叶以后，史学的观念，才渐渐离经而独立，此后发展很快。西晋荀勖、东晋李充的书目，便把史书独立出来了。到了《隋书·经籍志》更成立了"经""史""子""集"四部，从此沿用了千余年。

而《隋志》所著录史部的书，远超过经部，从西汉末年《七略》以降，五百多年间，史部逐渐摆脱附庸地位，此后的发展，实在超越了经部。学术演进，往往如此。

史学由经学的附庸，而独立，而超越了经学，后人更有经即史之论。章学诚因此而有"六经皆史"之说。

第一节　六经皆史

《文史通义·内篇·卷一·易教上》，一开头便提出了这一说法，略云：

> 六经皆史也。古人不著书，古人未尝离事而言理，六经皆先王之政典也。或曰：《诗》《书》《礼》《乐》《春秋》，则既闻命矣。《易》以道阴阳，愿闻所以为政典而与史料同科之义焉。曰："闻诸先子之言矣，夫《易》开物成务，冒天下之道，知来藏往，吉凶与民同患。"其道盖包政教典章之所不及矣。象天法地，"是兴神物，以为民用"。其教盖出政教典章之先矣。

从字面上说，"六经皆史"并不新颖。自宋以降，刘恕、王阳明、王世贞、胡应麟、顾炎武、马骕等，皆有类似的说法，近人钱锺书的《谈艺录》曾加详述。然章氏六经皆史之说，实有其新的意义，而在清代学术史上实是具有突破性的创见。

钱穆先生阐明六经皆史的意义，大略说：

六经只是古代在政治一切实际作为上所遗下的一些东西，并不是几部空言义理的书。我们也可以改说：六经都是"官书"。也可说：六经都是当时衙门里的档案。或说是当时各衙门官吏的必读书。这几句话，也就是《汉书·艺文志》所谓的"王官之学"。《六艺略》是王官之学，也即可称是贵族之学。这些学问，后来慢慢流到民间，才有诸子百家。

所以他认为胡适既写过《诸子不出于王官论》，又写《章实斋年谱》，则"六经皆史"一语，就无法讲。

又认为梁启超曾说：猪肉铺柜上的账簿也可作为史料，用来研究当时社会经济或其他情况，这不是章氏立说的原义。钱穆先生说：

六经都是古代的"官司掌故"，如我们说现在教育部、外交部都存有许多档案，有些是教育部、外交部的职员必须时时翻阅的，此等档案叫作史，掌管这些档案的人也就叫作史官。

那么我们真要懂得经学，也要懂得从自身现代政府的官司掌故中去求，不要专在古经书的文字训诂故纸堆中去求。这是章实斋一番大理论。清代人讲经学却都是讲错了路，避去现实政治不讲，专在考据古经典上作工夫，与自己身世渺不相涉，那岂得谓是经学。

钱先生所论章氏的经学，层次很高，而钱门高弟余英时，在他的《论戴震与章学诚》一书的《章实斋的六经皆史说》中，则逐步分析章氏的六经皆史说：

（一）首先要打破六经载道的见解。

（二）六经中所可见者，只是三代官师未分那一阶段中道的进程，三代以后的道，则不可能向六经中去寻找。

（三）六经已不足以尽道，而经学家从事考证训诂复不足以通经，则其去道之远，可以想见。

（四）六经既不足以尽道，遂进而有"文史不在道外"之说。

（五）六经既只是古史，则最多只能透露一些道在古代发展的消息。至于"事变之出于后者，六经不能言"，三代以下之道，便只有求之于三代以后之史了。把"六经皆史"说的含义推拓至极，便会得到"贵时王制度"的结论，因为时代越近，便越可见道的最新面貌，而时王的政典也必然成为后世的"六经"。

（六）对实斋而言，经学考证可说是一条走不通的路。通过方志和《史籍考》的编纂，他逐渐建立了"以史概经""以今代古"的理论根据，最后凝聚在"六经皆史"这一中心命题中。故"六经皆史"是整个清代学术史上，继"经学即理学"（顾炎武语）以后一项最大的突破。

第二节　群经大义

《文史通义·卷一·经解》上说：

今之所谓经，其强半皆古人之所谓传也。古之所谓经，乃三代盛时典章法度见于政教行事之实，而非圣人有意作为文字以传后世也。

这是章氏对群经的界说，他把经传分别，而后世九经、十三经的说法，则是"尊经而并及经之支裔"。他是不赞成的。在《文史通义》内篇中，有《易教》《书教》《诗教》《礼教》四篇，而没有《春秋教》，关于这一点钱穆先生在《孔子与春秋》一文（收入《两汉经学今古文平义》）中有解释。他认为章氏持孔子"有德无位，不能制作"之论，因此对《春秋教》一篇，便难以落笔。因为既然"六经皆先王之政典"，则《春秋》一经也不能例外。然孔子不在其位，并无制作之权，从其理论系统说，又如何能肯定孔子著《春秋》的意义。兹将《易教》《书教》《诗教》《礼教》

的大意分述如下。

一、易教

　　《文史通义》卷一有《易教》上、中、下三篇，大意是说：《易》在推天道以合于人事，人事随时改变，所以易道也当随时废兴，因事制宜，不可拘泥而不知变通。而应归本于人事物用，不尚虚言。

　　易道虽博大精深，却也很平易可行。而后世学者不知此义，却以灾变機祥，谶纬术数说《易经》，而撇开了人事，都是未明圣人因事寓教之义。

　　学者求道，贵在一贯，就是要能触类旁通，明了天理和人事交感之道。天理虽无迹可循，然盈亏消长，则有象可验，就这些现象，可以明人事。譬如我们看到日月运行，恒久不变，便能悟出自强不息的道理；看到月亮圆了之后便缺，悟出盈虚的道理……推衍下去，可知易道本于天理，而切于民生日用。后人说《易》，用些支离艰深的文字，而妄言吉凶，是不合易道的。

二、书教

《文史通义》卷一又有《书教》三篇，其上篇有：

《记》曰："左史记言，右史记动。"其职不见于《周官》，其书不传于后世，殆礼家之缺文欤？后儒不察，而以《尚书》分属记言，《春秋》分属记事。则失之甚也。夫《春秋》不能舍传而空存其事目，则《左传》所记之言，不啻千万矣。《尚书》典、谟之篇，记事而言亦具焉；训诰之篇，记言而事亦见焉。古人事见于言，言以为事，未尝分事言为二物也。刘知几以二典、贡、范诸篇之错出，转讥《尚书》义例之不纯，毋乃因后世之空言，而疑古人之实事乎！

章氏为了要贯彻他"古人未尝离事而言理"的主张，于是对"记言""记事"的分际，特别敏感，而大做文章。

《尚书》所记，时代较早，史事简单，所以多是记言，看来亲切生动。到了春秋时期，史事渐繁，记言便太冗长，因而用较简明的纪事体。不过以《左传》和《史记》相比，《左传》中记言的比例，又远大于《史记》。大抵越到后来，史事越多，为求简明，多用记事，不过为了生动，偶然还用记言。由记言到记事，实和时代有关。事实上，历史上几乎没有纯记言或纯记事的史书。

章氏认为《尚书》各篇，皆唯意所命，并无成法，详见下节。

章氏很推崇尚书体，《书教》下篇说：

以《尚书》之义为《春秋》之传，则左氏不致以文徇例，而浮文之刊落者多矣。以《尚书》之义为迁《史》之传，则八书三十世家不必分类，皆可仿左氏而统曰传。或考典章制作，或叙人事终始，或载一人之行（即列传本体），或录同类之事，或录一时之言（训诰之类），或著一时之文。因事命篇，以纬本记。则较之左氏翼经，可无局于年月后先之累；较之迁《史》之分例，可无歧出互见之烦。文省而事益加明，例简而义益加精，岂非文质之适宜，古今之中道欤！

他所推重的尚书体，实在就是纪事本末体。不过纪事本末体虽出于《尚书》，但到了南宋袁枢创立《通鉴纪事本末》时，到底要周密得多，从先秦到南宋，读《尚书》的人不知有多少，但在袁枢之前，却没有人能从《尚书》悟出"纪事本末体"来修史。我们甚至可以这么说：如果袁枢不用纪事本末体改写《通鉴》，章学诚未必能见出尚书体的好处而加以宣扬。

话又说回来，如果直接用原始的尚书体来修后代的历史，对错综复杂的史事，也必然不能写得条理分明，甚至还不如编年和纪传两种体裁。不然，岂有从周代到南宋，两千年间，若干才不世出的史学家，如司马迁、杜佑、司马光、郑樵等，不会采用尚书体去撰史，而总是在纪传和编年中兜圈子。

三、诗教

《文史通义》，顾名思义，兼论史和文。而章氏认为后世学术，都出于六艺。后世的史学，出于《书》和《春秋》，文学则出于《诗》，其卷一有《诗教》上下二篇，上篇论文体备于战国。

文辞体裁备于战国，而其本源则多出于《诗教》。《诗教》下云：

> 自古圣王以礼乐治天下，三代文质出于一也。世之盛也，典章成于官守，《礼》之质也；情志和于声，诗乐之文。迨其衰也，典章散而诸子以术鸣，故专门治术，皆为《官礼》之变也；情志荡而处士以横议，故百家驰说皆为声《诗》之变也。战国之文章，先王礼乐之变也；然而独谓诗教广于战国者，专门之业少而纵横腾说之言多。后世专门于术之书绝而文集繁，虽有醇驳高下之不同，其究不过自抒其情志，故曰：后世之文体，皆备于战国，而诗教于斯可谓极广也。学者诚能博览后世之文集，而想见先王礼乐之初焉，庶几有立而能言，可以与闻学《诗》、学《礼》之训矣。

章氏的意思是：

（一）先王盛世，以礼乐治天下，礼便是典章制度，乐则和诗是一体两面。

（二）到了衰世，典章不足以治国，诸子便各逞其学说，认为自成一家，足以代替官礼去治理天下。这便是诸子百家的学说。

（三）诸子衰微，那些不能自成一家之言的，便是后世的别集，空以文辞见称。所以他说：文辞的各种体裁，都备于战国。

（四）《诗》也以文辞见称，且为后世文辞之祖，后世的文辞，兼受了诸子和《诗》的影响。

章氏认为立言必须有本，能自成一家，便是诸子。其实诸子重在说理，特别重在抒情。后代的文词，固然也有说理的，不妨说受诸子影响。至于不说理而抒情的，自是受《诗经》的直接影响，不必再绕弯子硬说是由诸子散而为文集。

《诗》的本旨，在言情达志，贵存意旨而不拘于形貌。后人常以好尚堆砌文辞，为赋新诗强说愁甚至无病呻吟，更茫然不可辨其流别，因而文章之道，日渐衰颓，《诗教》下说：

> 后世杂艺百家诵拾名数，率用五言七字演为歌诀，咸以取便记诵，皆无当于诗人之义也。而文指存乎咏叹，取义近于比兴。多或滔滔万言，少或寥寥片语，不必谐韵和声，而识者雅尝其为《风》《骚》遗范也。故善论文者，贵求作者之意指，而不可拘于形貌也。

这一段说得很好，文学贵在能抒发真情，形貌则是次要的。所以说，作诗一怕俗，二怕熟。俗便是不够雅，内容空洞无物；

熟便是形式上极其工整，不惜以辞害意。

不过言而无文，行之不远，文学固以表达真情为上，却也不能不注意到文辞之美，不然过于朴质，便减低了可读性。

不仅杂艺百家的歌诀无当于诗人之义，就是宋明理学家纯说理的诗、若干纯记事的诗，也只是形式是诗，算不得正宗、纯粹的文学作品。

四、礼教

《礼教》仅有一篇，今人董金裕在其《章实斋学记》中，认为"《礼教》篇仅成就部分"，当为可信。然礼教既有专篇，章氏对于礼，也很重视，仍有可得而言之处。章氏论礼有五端，然并不以这五端为极则。

近人致功于三礼，约有五端：溯源流也，明类例也，综名数也，考同异也，搜遗逸也。此皆学者应有之事，不可废也。然以此为极则，而不求古人之大体以自广其心，此宋人所讥为玩物丧志，不得谓宋人之苛也。

"溯源流""明类例""综名数""考同异""搜遗逸"可说是学院派治礼的方法，但不免流于章氏所忌的"离事而言理"，只能"藏往"，不能"知来"。所以他又说：

《易》曰："知以藏往，神以知来。"夫名物制度，繁文缛节，考订精详，记诵博洽，此藏往之学也。好学敏求，心知其意，神明变化，开发前蕴，此知来之学也。可以藏往而不可以知来，治礼之尽于五端也。推其所治之礼，而折中后世之制度，断以今之所宜，则经济人伦，皆从此出，其为知来，功莫大也。学者不得具全，求其资之近而力能勉者斯可矣。

《礼经》是先王典制，它有助于了解前代的典制，但后代的制度是与时俱新的，必须能上推先王典制，"而折中后世之制度，断以今之所宜"，以施用于今日经济人伦，才有其价值。

掌故典要，所包含至广且繁复，要能识得"体要"，才不致有误。所谓识"体要"，也就是分别"制度"和"容仪"的差异与轻重。他说：

礼家讲求于纂辑比类，大抵于六典五仪之原多未详析，总缘误识以仪为礼耳。夫制度属官而容仪属曲，皆礼也。然容仪自是专门，而制度兼该万有。舍六典而拘五仪，恐五仪之难包括也。虽六典所包甚广，不妨阙所不知，而五仪终不可以为礼经之全，综典之书，自宜识体要也。

五、综述

　　章氏虽主六经皆史之说，然就《文史通义》卷一所论，在他的心目中，六艺固然只是古史，甚至认为"事变之出于后者，六经不能言"。然而他仍肯定六艺是王官之学，而诸子百家，皆出于王官。故六艺仍是一切学术的根源。

第三节　通古今之变

章氏最大的成就在史学。今以简御繁分述：（一）修通史；
（二）分别记注与撰述；（三）史德。

《文史通义》内篇卷四，有《释通》篇，综论修通史之法，
及修通史之利弊得失。

章氏认为通史之便有六：（一）免重复；（二）均类例；（三）
便铨配；（四）平是非；（五）去牴牾；（六）详邻事。

长处有二：（一）具剪裁；（二）立家法。

缺点有三：（一）无短长；（二）仍原题；（三）忘标目。

今分别说明于下：

免重复　在改朝换代的时候，有些人物和事实，在新旧两朝
的史书中，都会出现。前朝亡国的征候，也就是新王朝兴起的好
兆头。在前朝造反的，也正好为新政权做前驱开道。故同一件事，
同一个人，在两朝的史书中会重复重见。比如董卓、吕布等，《后
汉书》和《三国志》都有传；南朝时，梁禅位给陈的册诏，在
《梁书》和《陈书》中都载有全文，这些都是断代史不得不重复

的地方。而通史总合各朝写成，使得事情和人物可以互见，而文字却不必重复，不是很好吗？

均类例 自古以来史书的书志部分，体例就相当不划一。郑樵《通志》的二十略，对书志部分的方式加以改变，自成一家。但其中的《六书略》《七音略》《昆虫草木略》等，古今没有什么改变，如果是断代史，也不必每朝史书都有，可是哪一朝的史书少了其中一项也不免是缺典，只有通贯前后各朝，修成一部通史，觉得应该记某件事便立这一例。《隋书》的十志部分，通纪梁、陈、北齐、周、隋，就比《宋书》《南齐书》《魏书》各志的参差不齐要好得多了。

便铨配 中国历史上累世公卿的情形很多，以致有时祖父出现在某一代史书，而孙子出现在另一代史书，读之不能通贯。通史包罗各代，于群臣，只约略排比次序，不拘于朝代。这样，祖孙不同朝的，都相附在一起。世家大族的同宗支族，也都跨越朝代汇在一处。(《南北史》王、谢等大姓列传，便不全以朝代分。) 同一门的血脉相承，在列传中集中一处，可以看出时世的盛衰来。又如《史记》是通史，可以把战国时楚的屈原和汉朝的贾谊、周代的太史可以和战国时韩国公子，同列一篇传。司马迁在这些地方，不以朝代划分，正有其深意，因为他们立身行事，精神上相通，相附在一起，更可表明其相通的地方。

平是非 史事的曲直，定于改朝换代的时候。譬如后周的韩通，他和宋太祖同是后周的臣子，但他死于赵匡胤尚未受禅时，

《五代史记》没有替他立传。《宋史》则把他和李筠、李重进合为《周三臣传》，地位相当尴尬，如隔了几代，政治上的顾虑消失了，笔削之间，便可平允了。这一点通史是可以做到的。

去牴牾 断代史彼此各有义例，所记的人和事，各有其详略取舍，这一情形如果出现在前后两朝交错的地方，就不免要出现牴牾。像刘表、刘焉的始末，《后汉书》和《三国志》所记的就不同。如果统合各朝、考核众说、择一而从，编成通史，就不会有这些牴牾了。

详邻事 四史上的僭伪政权和边疆地区，其政权交替和中国的朝代先后常不一致。故历代史书用来记本国一朝一代的史事是相当完整的，但记上述地区就不够完整了。为了解决这个问题，《南史》和《北史》采通代的方式，对于后梁和东魏的记述，都跨越了两个朝代，故能比《梁书》和《魏书》记得完整。

以上是六项方便的地方。

具剪裁 通代成史，不仅统一了断代史各自不同的凡例，也能补各史缺略的地方，删去那些没有用的文字，用统一的准则加以删补。如李延寿的《南史》《北史》，文字上比从《宋书》到《北周书》等七史要简省，而事情却比七史要详明，所以后人称之为良史。

立家法 历代旧史具在，本不需重加编摩。不过史家是专门之业，自然别有体要。贵在能用自家卓识去贯穿，如郑樵修《通志》，以其卓识独见去裁通史书。虽然所记的事实和正史无异，但辨名正物，在史裁中有自成一家之意，故能成就不朽之业。

以上两项，是通史的长处。

无短长　纂辑而成的书，只是就采用各书加以排比，没有什么增损，只是改易标题罢了。那就如刘知几所说的：情愿去读原书，而不愿看新编了。

仍原题　各书的标题，每有异同。如果作者不对新编著的书，慎为去取，便会失当。如《南史》有《孝义传》而无《列女传》。《通志》对汉魏等朝的人，皆标汉魏，这是称时代而不是称史书，而《史记》所记的人，也标《史记》而不标时代，便是误用原书来标目。

忘题目　帝王后妃、宗室世家，都标明朝代，很容易分别其时代先后。至于公卿大臣，其立身行事都与时代有关，故不必特意标明，只要细玩次序，自然也可分得清朝代。但《独行》《方伎》《文苑》《列女》等篇，这些人不一定涉及世事，如果通史中不特别标出其朝代，则读之不知为何朝人，像《南史》中的吴逵、韩灵敏等人，就读后令人搞不清楚究属何朝何代。

以上这三项，是有些通史易有的弊病。

我国最早的史书是《尚书》，在今天看来，以《尧》《舜》二典到《西周书》，应是通史，不过是由几十篇独立的文字编成的，而不是由一人撰成的。此下《左传》《国语》《战国策》等，都是断代史。到司马迁撰《史记》，上起五帝，下到当时的汉武帝，撰结成一个整体的通史。司马迁还对通史定下三项必备的条件，那就是：

（一）究天人之际。

（二）通古今之变。

（三）成一家之言。

修史的人，能做到其中一项已大不易，而司马迁的《史记》，却是三项全备了。他很自负，认为要等五百年才能出现一位撰著通史的史学家。他这一说法，不但不过分，而且太谦虚。

对通史之难写，唐刘知几的《史通》就讨论过了。他认为通史固然好，不过极难写得成功，像梁武帝的《通史》，画虎不成，当时既少有人理会，更不会流传后世。自忖没有司马迁的才学的人，就不必去撰通史了，还是仿照班固的办法去撰写断代史好了。杜佑仿官礼撰《通典》，固然是通代成书，不过只限典章制度一方面，虽也很重要，可到底是历史的一支而已。

一直到司马光，在刘攽、刘恕、范祖禹等的协助下，费了十九年的心力，撰成《通鉴》二百九十四卷，上起三家分晋，下到五代，是第二部成功的通史，能合于司马迁的三条件。不过，其上距《史记》撰成，已经是一千一百六十多年了。

《通鉴》从成书到如今，又已九百多年。严格说来还没有一部成功的通史。或许有人要说，南宋初郑樵所撰的《通志》不也是一部成功的通史吗？郑樵《通志》，多剪辑自正史，不为世人所重，而所重在其中的二十略；二十略是与《通典》同类的书。

章学诚除倡通史外，还认为研讨学术史要能"辨章学术，考镜源流"，也得要上溯远古，沿流而下，从通代的方式去研讨，故撰成《校雠通义》。不过他的这一卓识，影响却很有限。

研讨断代史，或是撰写断代史的人，总认为我国的历史太久，史料太多，研讨或撰写通史太难，不从断代史着手，几乎茫无头绪。这也无妨，即使专攻断代史，也有其必要。大家把各代的断代史都研究透彻了，对研究通史，以至撰写通史的工作也很有帮助。只是要认清，断代史加断代史，永远不能成为通史，而必须有人能把其中古今之变看通了，用一家之言写出，以冀达到"究天人之际"的境界。

第四节　史料和著作

章氏认为所有著作都要能成一家之言。不然，上焉者只是纂辑或模拟，下焉者只是无病呻吟，浪费纸墨罢了。故他把史籍分做"撰述"和"记注"。前者指一家之言的史著，而后者指纂辑模拟之书，《文史通义·卷一·书教下》说：

> 撰述欲其圆而神，记注欲其方以智也。夫智以藏往，神以知来。记注欲往事之不忘，撰述欲来者之兴起。故记注藏往似智，而撰述知来拟神也。藏往欲其赅备无遗，故体无一定而其德为方。知来欲其抉择去取，故例不拘常而其德为圆。

这一段"体圆方智"，用《周易》的说法，说得有些玄，其实无非是说明记注（方智）、撰述（圆神）之别。

钱穆先生解释说：

> 记注是把已经过去的事情善为保藏起来，这个仅似乎我们人

的"智"。撰述则是要我们因过去而知未来，把过去当成我们的一个教训：这样兴，这样亡；这样治，这样乱。我们要在历史里知得将来，这个拟于我们的"神"。"智"仅是把从前的藏在脑子里，"神"是用我们的知识前窥将来。如司马迁《史记》写《孔子世家》《孟子荀卿列传》《老庄申韩列传》，好像把此下中国学术思想之展演都给他预先看到了，那不是神乎其神吗？必如此，才真当得为一家之言。

这一段说得很清楚，很有助于我们了解章氏的原文。他接着又说明章氏所说的"藏往德方""知来德圆"：

收罗过去一切，保存下来，这是一个"体"，有其一定的客观标准，并有一定的规矩。凡是以往事都要收罗，所以其德为方，它是一个没有变化的。

待我们用此材料来抉择，那许多有用，那许多无用，有用者取，无用者去，这就看各人的眼光。这是一种主观的，因于人而不同，更因于时代而不同，这是可以变动的，所以说其德是圆。一个圆的东西放在此地，它可以变动不常。一个方的东西放在这里，则是安安顿顿放在这里了。

钱先生说明了三代以后的史家，正好把记注和撰述的性质弄颠倒了。不过"记注"（保存史料）和"撰述"是同等重要的。

钱穆先生又说："历史有两种：一是著作……而另一方面，则在把事情记下来，这层更重要，而我们今天也不懂。古人已经有的，如历朝来的'国史馆'，专门记载当时历史，在方法上已经是不很严格，然而到底是有。到我们今天，民国以来的史料，似乎没有按年好好记下，既不注重记载，又不注重撰著，却专要来'考史'，这应是学的西方人。"

我们仍然不易了解他所说的《尚书》《春秋》《史记》《汉书》等，彼此的关系、异同。藏往靠"记注"，知来靠"撰述"。对这两种体例的分划，钱穆先生在《中国史学名著》中有一段说明：

> 他把史书分成两大部分：一部分叫作"记注"，另一部分叫作"撰述"。"记注"就是如我们今天所说的史料，只把经过的一切事实记载下来便是。若论"撰述"，则是一种著作，根据一切史料的记注，来发挥作者对这一段历史的一种"专家之学"。此两项绝不同，若照我们当前人意见，则记注便是撰述，两者间更无分别了。

钱先生所说：记注就是今天的史料，只是把事实记载下来便是，保存史料是有一定的成法可循的，钱先生说：

> 他（章学诚）只说：三代以上记载历史有一定的"成法"，而所写的历史书，则并无一定的"名称"。如《书》与《春秋》，

名便不同，但各是一种撰述。而且六经皆史，有《诗》、有《易》、有《礼》，也是无定名而更不同。到三代以下，便成为撰述有定名，如《史记》、《汉书》、二十四史，皆所谓"史"，便有了一个"定名"了。然而各项材料记注，则失掉了一个一定的方法。这一层，我们也可以说是章实斋讲古今史学变迁一个极大的见解。他认为如何把一切史料保存下来，该有一个一定的方案，而后来没有了。至于根据这些保存下来的一切史料而来写历史，这就不该有一定的体裁，主要该是各有一套专家之学，而后来则反而人人相因，都变成好像有一个定规了。

章氏深明史料搜集之重要，故有设柜供人投牒的方式。又《文史通义》中常论到模拟、札记等。归纳起来，他对于史料和著述，大约可以分为四个层次：

（一）很原始的材料：如政府机构的档案，包括诏令、奏议等。列朝的实录、起居注。很可惜的，以前修完史书，就都散弃不顾，仅明清两朝还有不少保存下来，而修方志时所收到的家传等，也属此类。

（二）纂辑、模拟的资料：章氏很推崇《玉海》，而很鄙视《文献通考》。至于《通志》，则甚为推崇。其实在他的心目中，《玉海》虽好，绝不可看作著作。虽多疵，然比起其他类书，毕竟高明许多。至于《通志》，则认为是郑樵的卓识精思所在，却也不否认其考证的不够周密。

（三）记注：未能成一家之言的史书。

（四）著述：要求非常严格，大致要能合乎司马迁所说的，能究天人之际，通古今之变，成一家之言，才能够得上。

第五节　慎辨天人之际

《文史通义》卷三有《史德》篇，略云：

才、学、识，三者得一不易，而兼三尤难，千古多文人而少良史，职是故也，昔者刘氏子玄，盖以是说谓足以尽其理矣。虽然，史所贵者义也，而所具者事也，所凭者文也。孟子曰："其事则齐桓、晋文，其文则史，义则夫子自谓窃取之矣。"非识无以断其义，非才无以善其文，非学无以练其事，三者固各有所近也，其中固有似之而非者也。记诵以为学也，辞采以为才也，击断以为识也。非良史之才学识也。

唐刘知几认为史家有三长：史才、史学、史识。章氏加以阐述，他认为：

有了史才，可以善其文，可是只知道在辞采上求表现，也不是良史。

有了史学，可以练其事，把史事，如齐桓、晋文的功业，记得好，却也不是光凭记诵之学，就能胜任的。

接着谈"史识"。有了史识，可以断其义，也就是史学义例、史学方法，以至历史哲学。怎样才能具有史识呢，《史德》篇说：

> 能具史识者，必知史德。德者何？谓著书之心术也。夫秽史者所以自秽，谤书者所以自谤，素行为人所羞，文辞何足取重。
>
> 欲为良史者，当慎辨于天人之际，尽其天而不益以人也。尽其天而不益以人，虽未能至，苟允知之，亦足以称著述者之心术矣。而文史之儒，竞言才学识，而不知辨心术，以议史德，呜呼可哉！

钱穆先生的《中国史学名著》对"尽其天而不益以人"，其说明如下：

> 拿现在话讲：只是要客观地把事实真相写出，这即是"天"了。但不要把自己人的方面加进去，这事极不容易。

人的心术如何影响到所撰述的历史呢？《史德》篇说：

> 史之义出于天，而史之文不能不借人力以成之，人有阴阳之患，而史文即忤于大道之公，其所感召者，微也。
>
> 史之赖于文也，犹衣之需乎采，食之需乎味也。采之不能无

华朴，味之不能无浓淡，势也。华朴争而不能无邪色，浓淡争而不能无奇味。邪色害目，奇味爽口，起于华朴浓淡之争也。文辞有工拙，而族史方且以是为竞焉，是舍本而逐末矣。以此为文，未见其至者；以此为史，岂可与闻古人大体乎？

这一番意思，试为说明如下：

撰史的义例是客观存在的，而用文字把史事记下来，必然要通过有主观成见的人。这人的"心术"只要有了问题，那么他们写成的史书，必然不能公正而合于大道。这之间的关系，很是微妙。

可是史事的记述，必然要通过文字。犹如衣服必然有它的色彩，饮食必然有它的滋味。有了色彩，必然有华丽和质朴，不免有了邪色；争论滋味的浓淡，便不免有了奇味。

而修史的人，却只在色彩的华朴、滋味的浓淡上争论不已，这真是舍本逐末的勾当。用这种态度做文章，那必然做不好。用这种方法写历史，还能得到古人论史的大体吗？

所以他接着说：

程子尝谓："有《关雎》《麟趾》之意，而后可以行《周官》之法度。"吾则以谓通六义比兴之旨，而后可以讲"春王正月"之书，盖言心术贵于养也。

所谓《关雎》、《麟趾》、六义比兴，便是《诗经》。《诗》的本旨，照传统的说法是好乐而不淫，怨诽不乱。再简单地说是：思无邪。就是最能得性情之正。一定要能从这一方向培养心术，才能讲春王正月——《春秋》这一类的史书。

可是一般人，尤其是现代人，多不免嗜奇，甚至好邪，至少喜欢在华朴浓淡上争，所以不但史学衰微，连文学也不振了。

括而言之，章氏在史学上的成就是多方面的。但却少有机会付诸实行，即以他最欣赏的"纪事本末体"为例，他是很希望将它付诸实行的。他曾见到一种方志采用纪事本末体，但写得并不满意，打算自己用纪事本末体写一部方志，可惜未能着手，还曾打算和邵晋涵重撰《宋史》，因邵氏不感兴趣而未果。故章氏的精思神解虽很多，却少有自己以所创义例付诸实施的机会。这不仅是他个人的不幸，也是中国史学上的一大损失。

第三章

文　学

第一节　文、文辞、文学

　　章氏著《文史通义》，一般认为他兼论史学和文学，实则不仅《文史通义》，连《章氏遗书》中也很少提到"文学"，一如他论"六经皆史"，却很少提到六经，而多说六艺。

　　在章氏的笔下，一般人认为他是论文学的，他只说成"文"、"文辞"、"文章"、"文字"，而以"文辞"用得较多。当然文学的范围，大小不一。《论语·述而》篇，孔子说："文学：子游，子夏。"文学和德行、言语、政事并列，应是指一般的学术。后来所常说的文学之士，也不局限于专门从事文学创作上。如今大学的中文系，所修的课程，遍及四部，对文字之学的课程修得特别多。纯文学的课程，仅是点缀罢了。近些年渐有改变，然而还是经、史、子三部的课程占多数。

　　章氏所说的文辞，重在载道，载道还不够，还得能合于"比事属辞"的《春秋》之教，而他认为史学正是出于《春秋》，那么他所讨论的文学，实是着重用于写历史的文辞。

　　不过他还是很注重为文能成一家之言，贵在能自立，而不依傍他人。所以他有《言公》篇，以论诸子和文辞的关系，必先能明白他这番意思，才能看出他对这以外的文辞的见解来。他也并不轻视文辞，所以说："良史必工于文。"又认为《五子遗书》其辞太无文，是以学者厌之。如今姑且仍以"文学"为标题，来述章氏所论的"文辞"。

第二节　文辞是天下的公器

《文史通义·卷五·答问》篇说：古人以为文辞是天下的公器，前人的文辞，如果已经把道理说得很透彻了，后人不妨照着说，而不必再自己做了。所以像《左传》等古籍里记载古人引用《诗经》等，就犹如出于自己之口一般，因为所重是在为何要说出这番道理，而不在表达这道理的文辞是谁写的。倘使能领会到为何产生这样的道理，那么前人文辞所说的意思，和自己的意思是没有什么差别的，就不必改窜前人的文辞了。要是你心中根本没有这番道理，而只在文辞上花工夫，那么虽然在字面上并没有抄袭前人，而在道理上却暗中模仿前人的说法，那就反而要受人鄙视，认为你是窃取得来的了。

章氏这番意思，可以和《言公》篇互相参照，可是不为一般人所了解，他再进一步说明。

文学创作和学术著作所用的文辞是不可同日而语的。著作必须在行文之前，心中先已领会到这番道理，而借着文辞把它表达出来。譬如在庙堂之上，举行很隆重的典礼，一定要些锦和玉做成服饰，那行礼的人虽然穿佩着服饰，却不必过问这些服饰是怎么做成的，这就好比是著述之文。至于那些做服饰的裁缝和玉工都不曾学过典礼如何进行，只是因着缝衣和玉器加工，也不无微劳，如果他们把别的工人做的衣饰拿来说是自己做的，那人家就说他们是窃取的了，这就好比是文人之文。

按：文学创作重在抒情，学术论文重在说理，史学家的文辞重在记事，是一样。如果心中并没有真实的情感，而只是为赋新诗强说愁，或是模仿他人的创作，那也正是窃取的勾当。

《文史通义·卷二·言公》篇说：

古人立言，都是要说出天下公认的道理，我心中所想的，本是大道，那么语言或文章，只是在说明这些大道、公理。如果能把这些大道理说明白了，心中所想的也都表达出来了，使得世人都能明白这番道理就可以了，不必一定要说这些文辞是我的一家之言。

譬如《尚书·虞书》说："敷奏以言，明试以功。"所重的是这些道理可以治理天下而收到功效，而不是在言辞的本身。倘使能够用这道理把天下治理好了，就不必一定要分辨出这番话到底是谁说出的。

又如司马迁说："《诗》三百篇，大抵圣贤发愤所为作也。"所以《诗经》中那些男女之间爱慕的诗篇，正是寄托着臣下思念君主，朋友互相怀念的意思；出征远方的男子，和独守空闺的妇女，所发怨恨之情的诗篇，正是寄托着忠于国家、忧于时事的心意。

就是说三百篇《诗经》，都是抒写诗人心中的愤恨不平之气，而能对风俗教化有所裨益的文辞。本来男女爱慕之情、征夫离妇怨恨之意，就是人同此心，心同此理的。如果说要拿这些作品当作私人所有而去争名，那就像是一些从事工艺的人争夸他们的技巧，古人是不会如此的。

孔子说："述而不作。"六艺本都是周公的旧典，所以孔子未曾有所创作。《论语》记孔子常引用《易》《书》《诗》里的成语，而并不说明这些话是出于群经。古书里引用孔子的话，有的又不见于《论语》。这都是因为这些道理能有益于教化，也就不必计较哪些话是圣人创制的，哪些话是后人用来阐释而加以区分的。

诸子百家，也都是想以他们的学说治理天下，认为他们所说的道理是天下最好的了，而在语言文字上却都未尝认为这是我所私有的。诸子中所记各家的言行，不全是本人所创述的，如《管子》中有他死后的事，《韩非子》载李斯的驳议。苏洵说《庄子》中《渔父》《让王》等篇出于伪托，其实并不是伪托，而是庄子那一派的学说，附益于《庄子》的。《吕氏春秋》和《淮南子》，都是由众宾客编成的，不能自成一家。可是像《吕氏春秋》和《淮南子》，虽都是宾客所编，但吕不韦和刘安都不曾以宾客所编为讳，更不会像后世那样把别人的成果据为己有。而且二人在编书的过程中都有所裁定，有他自己的宗旨。所以诸子百家，虽未能体认到大道的全貌，而只能得到其一端，但如果他们能够说明自己的学术而自成一个宗派，则前人的说法而被称引，后人的说法而被附入的都不能分居立言之功。因为那些都是被用来说明这一派道理的。

孔子因鲁史而作《春秋》，孟子说："其事则齐桓、晋文，其文则史，孔子曰：'其义则丘窃取之矣。'"有志于修史的人，首须求取《春秋》大义，至于所记的史事，所用的文辞，就只是用以表现出那些大义微言罢了。所以苏洵《史论》，讽刺司马迁割裂《尚书》《左传》《国语》《战国策》的文辞。郑樵《通志》，又讽刺班固《汉书》武帝以前的部分是盗袭《史记》。这都是完全不通文理的说法。

《史记》如果不采《尚书》《左传》等的记载，就得凭虚杜撰了，那不就等于专靠悬想写成的赋吗？班固撰写《汉书》时，碰到武帝以前的史事故意不采《史记》，难道要他像做科举制艺文章那样，出同一个题目，要士人们写出不同的文章来？其实《史记》不仅引据《尚书》《左传》等，汉以后的部分，也采用陆贾的《楚汉春秋》，高祖和文帝的《史传》。《汉书》的武帝以后部分，也采用冯商、扬雄、刘歆、贾护等著述，都不全是司马迁和班固自己做的。修史的人贵在知道大意，这和专在文字上推敲的掌故之书不同。孔子说："我欲托之空言，不如见诸行事之深切著明也。"——这正是说明史家。如果能得到大义而申明心意，那么就不必在记事和文辞上居功，强调是我所写的了。

汉初的经学家，用毕生的精力，发明前圣的宗旨，师徒间授受的渊源，有如宗族的谱系般。从弟子的学说，就可看出老师传授的内容。而公羊、榖梁传《春秋》，商瞿到田何传《周易》，都是先有口耳之间的传授然后才用文字记述出来。可知古人虽然不著书，但他们的学说也还会由口头传下来的，后来写成书了，不再能分辨哪些部分是老师讲述的，哪些是弟子阐明的，但不管是老师还是弟子，他们的宗旨都在通这一经，传这一学派，不曾分居立言之功。

以上是《言公》篇上的大旨，在说群经、诸子、《史记》《汉书》，以至汉儒说经时，无不是在说明一些公认的道理，不得以这是我发明的自居。至于用以说明这些道理的文辞，更只是表达的工具，绝不能说这是我写的而必欲居功。

不过道理固然是客观存在于天地之间的，而且一种学说的创立，一家学派的成立，是经历了长久的年代，经过很多人的努力才能成功的。要是想用语言、文字表达出来，也得受过相当训练才能胜任。同样，能领悟到一种道理、一种学说，用语言文字表达的能力不同，方式不同，还是有差别的。虽说是"辞达而已矣！"可是"言而无文，行之不远"，意思是用以表达道理、事实、情感等的文字，在技巧上不够成熟、恰当、美好，别人就不易领会你所要说的意思，那么在空间上或时间上，就都不能传得久远。

章氏过分强调"道"，而不免太轻视用以表达和流传这些"道"的文辞，因而也抹杀了用文辞以传道的贡献。事实上，他们既要对所传的"道"有充分的体认，又得苦心经营，用最恰当而美好（可读性高）的文辞来表达，其贡献也是不能轻看的。

从老师那里听来的道理、学说，即使是弟子们只用文字记述出来，也不是容易的事。因为语言有声调的缓急轻重，说话人的表情，以至手势，以辅助说明，增加效果。而文字的表达能力，一般说来，是不如语言的。

譬如说，作成乐曲或歌曲是"道"，演奏或演唱的人得靠师弟相传，各人造诣的高下，每有不同。所以即使演奏或演唱同一曲谱，最后的效果也会大不相同，但这些演奏或演唱者的表达能力，应该受到肯定，而给予不同的评价。

以"道"的本身来说：虽是师弟相传，总不是一成不变。所以孔子身后，儒家分为八。李斯、韩非，同出于荀子，学说又有分别。即使西汉经师，笃守家法，师弟之间，也不是一成不变的。否则，同一师承，便不致分门别派，如传《易经》的施、孟、梁丘，同是田何的弟子，而分为三家。汉初经学，经过两百年，到了西汉末年，便大不相同。所以同是"通其经而传其学"，每传一次，便有改变。无论是因领悟不同而有变易也好，还是无意的失真也好，道总是不停地在变。

所以无论是由口耳传授来的道，还是后人记述的道，那受道的人和记述的人，对道的影响和贡献，总是不可抹杀的。章氏有时也看到这一点，《文史通义》外篇卷三《与陈鉴亭论学书》说：

《原学》之篇，即申《原道》未尽之意，其以学而不思为俗学之因缘，思而不学为异端之底蕴，颇喜其能得要领。又以其说浑成，不烦推究，诚恐前人已有发此论者，遍询同人，皆云未见。然鄙著《通义》，凡意见有与古人不约而同者，必著前人之说，示不相袭。幸足下与同志诸君为检先儒绪论，审有似此者否也？如其有之，幸即寄示，俾得免于雷同剿说之愆，感荷非浅鲜矣。

章氏自认为他的《文史通义》，正是用以说明他心中的"道"，也就是自古以来，从六艺和诸子中所悟得的道，是学术著作，也正是"述而不作"，正是他在《言公》篇中所说的：

> 志期于道，言以明志，文以足言。其道果明于天下，而所志无不申，不必其言之果为我有也。

所以也就不必"分居立言之功"了。

可是章氏在《与陈鉴亭论学书》中，对《文史通义》有强烈的成一家之言的心意。虽然他在《原学》篇上说："其说浑成，不烦推究。"也就是说全篇的说法浑成一体，不烦推究哪一层意思、哪一段文字，是从他人援引得来，还是自己领悟得来的了。但却又强调《文史通义》中意见与古人不约而同，必须标明哪些是前人的说法，以表示不是相抄袭的。

著作的体例，援用古人的说法，袭用已有的文字，而不标明其出处，并不是掠美，而是在体势上无暇顾及。最重要的是，得看作者的志识是否能够自成一家，而不是借重于所引用的说法，而且所引的说法既然大家都知道，我再引用一次也没关系。了解了这个大原则才有资格谈著作之事。

但从事考证的体例就不一样了，哪怕是一字一句，都必定要标明引据的出处。所引据的资料，见于多种书的，就要标明最早的。譬如《史记》《汉书》都有的，用《史记》而不用《汉书》。原书已亡，就必须标明从哪部书转引的。譬如刘向的《七略》已亡，而分类的情形见于《汉书·艺文志》；阮孝绪的《七录》已亡，而《隋书·经籍志》还记明其残阙或亡佚的情形。引用《七略》《七录》时，必须说明出于《汉志》或《隋志》。这就是孔子所说的"慎言其余"。引用并见于几种书的资料而不引用最早见的，就不免浅陋了；引用佚书而不标明所转引的书，让人看了他所引的，一如佚书还存在，就错了。明明是写"考证"的文章而妄用"著作"的义例，以掩饰他剽窃的私心，那就大错了。

以上是章氏论"著作之文"和"考证之文"的分别，学术之文是天下的公器，人人不得而私。考证之文，则在功力，要得字字句句都有出处，不然便是剽窃了。

那么文士之文，也就是较狭义的文学作品吗？章氏仍认为文只是载道的器而已。

第三节　文辞的作者和真伪

　　《文史通义·卷四·说林》篇有一段说：许多文士一定要在《庄子》的《让王》《渔父》等篇中辨出个真伪；一定要在屈原的《招魂》《大招》等赋中争辩究竟是宋玉还是景差著的，这些都是迂见。其实只要是好的作品，这些争论都是次要的。

　　章氏虽是先以《庄子》中的两篇为例，不过接着便举《楚辞》的《招魂》《大招》为例，可见不是把《让王》《渔父》看作子书，而是当作文辞来讨论的，《说林》篇多是讨论文辞的，《庄子》各篇的真伪、《楚辞》各篇的作者，不必过问，只要文章好，值得后人诵谈就好了。

　　这还是《言公》的论调，而章氏虽也承认考据不可废，并认为自己读书是"沉潜不足"，而《文史通义》以至《章氏遗书》中，很少有辨伪的文字，这是因为他认为诸子多是汇集一家一派的学说而成的，并不只是某一人的学说，故分辨是多余的。

　　可是章氏又强调校雠学在"辨章学术，考镜源流"，那么某一篇文字，究竟是某子自撰，还是同一派人撰的，如能加以分别，不仅不是多事，而且是十分必要的。不仅如此，即使是同一篇文章，往往又有若干章节，是不同人撰的，也需一一辨明。不然如何能把学术源流辨得清楚、考得明白呢？而且我国的伪书，起源既早，数量也多。如《汉书·艺文志》里，便对若干论著的撰人和时代，有了疑问，而近人张心澄的《伪书通考》，共著录一千一百〇五部书，征引历代对各书的真伪、撰人和著成时代的记载，加以考辨。而郑良树的《续伪书通考》，除了对张氏所辨各书，有的增补证据，有的另有不同的结论，另外增补了一些张氏未经辨论的历代著述。

伪书既多，辨伪的工作也就不得不多，所以像明人胡应麟的《四部正讹》，近人梁启超的《中国历史研究法》和《古书真伪及其年代》，以至瑞典人高本汉（Bernhard Karlgren，1889—1978）的《中国古籍的真伪》（*The Authenticity of Ancient Chinese Texts*），都提出了渐趋周密的辨伪方法，进而形成了辨伪学，从校雠学的附庸而蔚为大国。

章氏论文史和校雠而未涉及辨伪，原因不外下列两项：

（一）考证不是章氏所长，而考订伪书，尤为琐细，章氏既不欲为也不能为。

（二）辨伪工作到章氏时，已很发达，因而只论真伪和作者，原书反而束而不观。这种情形，到近代更变本加厉。如《红楼梦》，讨论的文字，编成目录便有多种，著录的论著更多达几千种，其中讨论《红楼梦》的本身，如写作技巧和方法，如何欣赏，进而评论得失，和其他小说、外国小说，以至小说以外的文学作品的比较，才是正途。如今舍此不为，却去讨论作者是不是曹雪芹，后四十回是不是高鹗所续，如能有足够的证据，可以确实考定作者是谁，那不仅值得而且也很必要；但如果证据不足，这项考订也应适可而止，以待有新的证据出现。可是红学之徒不肯死心，针对关于曹雪芹的有限证据，翻来覆去地考个不停，却少有新义。舍本逐末，使红学变成了曹学，枉费了多少笔墨和精神。

试看《古文尚书》，清初阎若璩的《古文尚书疏证》，已足以定古文为伪书；毛奇龄的《古文尚书冤词》，引据虽博，却不足以翻案。后来对这一问题，仍有人纠缠不休，直到如今。这样的辨伪和考订，真是可以休矣。

不过无论如何，古书的作者和真伪，对辨章学术和考镜源流关系很大，不能忽略。然而节外生枝，则应避免。

第四节　援引和改易前人文字

　　章氏认为不必斤斤计较《庄子》《楚辞》中各篇的著者和真伪，其实是他对文辞看得并不重，《文史通义·卷四·说林》有几段表达了这个看法。

　　古人对文辞，看得并不很重，所以《论语·宪问》篇记孔子的话说："郑国应对诸侯的辞命，常由几位大夫合作，分别是裨谌起草稿，世叔就草稿加以审议，子羽再加以增损，最后由子产在文字上加以润色。"各尽所长，所以不会败事。这是合众人之力来为文辞，希望能尽善尽美，没有谁说哪一篇辞命是我所做的。

　　丁敬礼曾让曹植润色他的文章，他说如果自认为"后世有谁能知道我的文章是经过人修饰过的"，那是有意欺世的勾当。故他除了传下自作的原文外，也保存了曹植润色的地方。那么后人读一人的文章，而得到原作和修改的长处，收获岂不是更大吗！

　　作文的才力长短不可掩，而文章所表现的时代今古不可强求。司马迁撰《史记》，采用《尚书》《左传》的文字，便显得力有不足；而采用汉时人的文字，便绰绰有余。这不仅是限于司马迁个人的才力，也因为文字有古今之分。而原著和《史记》所采用的并存于世，司马迁并不强调这是我做的，好让后人去选择并鉴别其优劣。

司马迁有时袭用《尚书》《左传》《国语》的文字，不是在文字上所好相同，而在理势上不得不如此。他有时改动《尚书》《左传》《国语》的文字，班固又改动司马迁的文字，不是在文字上好有差异，也是理势不得不如此。这就像向人询一件事的始末，哪能要求他非得亲自见过听到，就像张甲说一件从李乙那儿听来的事，哪里是盗取李乙的说法呢？人心不相同就如同面孔不相同，张甲传述李乙的话，而他的声音笑貌一定不能和李乙一样，这哪里是他故意要不同的呢！

试就章氏的说法加以分析：

（一）文辞固不乏集体创作的例子，而章氏所举郑国的例子，时代上既是春秋时的事情，而又是公文书，然而出于一人所写的文辞，尤其到后代，越来越多，则当有分别。

（二）章氏对援引前人文字和改易前人文字，认为皆有其不得不如此的因素，而且也承认改易的人及文字的贡献，足以和原著及原著者共垂不朽，那么考订作者，辨别真伪，就更不能算多事了。

第五节　文辞和志识

章氏总认为文字是器，志识是道，故《说林上》又说：

譬如禽鸟，志识好比身体，文辞就如羽翼。有千里大的身体，而后才可以运用垂天大的羽翼。小鸟如果借用雕鹗的羽翼，还未飞起就要摔下了，何况鹏翼那么大呢。所以修饰文辞并不忌借用他人的文字，而贵在有引文字的志识，且自己也有能援引的学力，就像鸟的身体大才能借鹏翼一般。唉！这番意见难以和沉溺于文辞之末而没有志识的人说明白。

文辞如三军，志识就是其将帅。李广进入程不识的军营，因两人治军宽严不同，旌旗壁垒面目一新，可是并非每一事物都变更了。知道这番道理，就可以袭用古人文字而不必都是自己创出的了。

文辞如车船，志识就是驾驶者。车轮要坚固，船帆要能使船行驶得快，凡驾驶车船的莫不如此。至于东西南北向哪一方向行驶，都由驾驶决定。知道这番道理，可以由我驾驭文辞，而不致为文辞所驾驭了。

文辞如物品，志识就是技师。各种果实，厨师得到了，选那好的来摆到盘子里供食用；医师得到了，却用以治病。知道这番道理，可以对同一文辞而不同取舍，所取相同而所用不同，而不滞着了。古书断章取义，各有所用，拘儒不知通达，却加争议。

文辞如金石，志识就是那炉和锤，可以把神奇化为腐朽，也可把腐朽化为神奇。知道这番道理，就不会执着于一成不变之说了。心中有所得的就会神奇，不然便会腐朽。

文辞如财货，志识就是善于经商的。人人抛售的，我买下；反之，人人争着买，我便尽量抛售，而不一窝蜂，那样做生意才算到家。知道这番道理，可以斟酌时代潮流而立言，不至于人云亦云，心无主见了。风尚的趋向，贵在有识的人能把持得住。

文辞如毒药，而志识是良医。用热性的药治寒性疾病，可是如果药的热性太过，惹来的病会比寒性的病更严重。反之也如此。良医在人的身体上用药，实过甚了，便有反虚之忧，所以治病不用激切的疗法，因会产生副作用。知道这番道理，可以拯救流弊而归于不偏不倚的中道了。

即使如章氏所说，事情的成或败，取决于羽翼、将帅、驾驶者、技师、炉和锤、良贾、良医等，但鸟身、三军、车船、物品、金石、财货、毒药等，不仅必不可少，就连毒药等的质量、分量，稍有差异，也会对良医等的运作成果，产生莫大的影响。不但不容忽视，而且应和良医等给予近乎相等的重视。

　　章氏也知道这番道理，所以他对古代和当代善于文辞的作者，偶尔加以批评。

第六节　对各家文辞的评论

　　《文史通义》中就历代能文之士加以批评的，并不常有，至于和同时人论文的文字则较多。当时人的文集，多已不存，如今看来，不免离事而说理，仅就韩愈（附皇甫湜）、欧阳修、归有光（附唐顺之）、汪琬、方苞等，综述于下。

一、韩愈（附皇甫湜）

　　《文史通义·卷二·博约》篇中说："前人说韩愈因文而见道。"那么既见道就超越了文辞的工拙，这就不是像王应麟纂辑成的《玉海》的工作所可相比的了。

　　又《外篇·卷二·皇甫持正文集书后》说："皇甫湜和李翱，都学韩愈的文章，世人说翱得韩文之正，湜得其奇。可是湜文真气不足，因他于学问无所得，只学了韩文奇的形貌，不免外强中干。不如翱不屑于亦步亦趋地学韩愈，虽然才力稍差而学识却足以从文中表现出来。湜则不能求得韩文致奇之理，故比翺要差多了。他不知道古人并非有意把文章写奇，而韩文更是平实。中唐人的文字，竞相奇碎，韩愈有见其弊病，想力加挽救，所写的文章，都和日常衣食一般，务求有裨于实用，不加修饰。可是他才高学富，有时表现出奇怪，并有心矫正时尚的不良，形成好的风俗，所以不用那些陈腔滥调。学他的人不能体察，常常只是学得他形貌的奇而已。"

至于韩文的短处，章氏也有评论，《文史通义·外篇·卷三·上朱大司马论文》说：

文辞以叙事为最难，明何信阳说："昌黎文起八代之衰，而古文失传由昌黎始。"杭世骏斥责何信阳病狂。一般人说到韩愈的道德和文辞，都说有如泰山北斗，为世人所宗仰。然而古文必推叙事文，叙事文出于史学。起源于《春秋》的"比事属辞"，后来的《左传》和三史家学相承，比西汉经师的授受还要密切。而韩愈对史学无此领悟，他的叙事文字，也因为善于辞章才被人看好，并没有得到《春秋》"比事属辞"的遗法。所以他把《史记》和司马相如、扬雄的辞赋同等看待，对于具有史识的两汉书，不屑一顾，怎能论史学呢！欧阳修学韩愈，所修的《新唐书》和《新五代史》，虽有些篇文字好，也不出文士学究之见，谈不上史学。所以如果上推《春秋》"比事属辞"之教，虽说古文从韩而衰，也未为不可，只是不是何信阳等辈所可议论的。

六艺之教，通于后世的有三派：《春秋》流为史学；《周礼》

流为诸子议论；《诗》教流为辞章辞命。其他《乐》亡入于《诗》
《礼》，《书》亡入于《春秋》，《易》也入《周礼》。韩愈的文章，
出于《周礼》，而尤近于孟子和荀子，荀子的学说便出于《礼》
教，孟子则长于诗，所以韩愈长于议论和辞章，无碍于其道德文
辞，成为泰山北斗。只是不深于《春秋》，史学的造诣不高。噫！
可是这番道理是难于和文学之士说得明白的。

二、欧阳修

论及欧阳修，在《外卷·二·唐书纠谬书后》曾说道：

观《新唐书·自序》和《进书表》，颇知文章体要，史家的
鸿裁。不过欧公是当代文宗，而史学非所深造，所以吴缜有《纠
谬》二十卷，欧公修史时，不用吴缜，也是失计。

同卷驳孙何碑解，则以为唐末五代，文章支离破碎，遣词命
字，使人不辨作何等语，这是文章到末代的厄运，欧阳修起而摧
陷廓清，其功可以比得上唐代的韩愈。

关于韩欧的得失，可以简括如下：长于文辞，而拙于史学。

三、归有光（附唐顺之）

至于明代的归有光、唐顺之的文辞，只是文从字顺，不同于流俗，却只得《史记》的皮毛。《文史通义·卷三·文理》篇说：

文章一道，从元以前，衰而且病，还不至于亡。明初人还粗存宋元人的规模，至中叶嘉靖、隆庆时，更加晦暗不通，文理几乎绝了。归有光生于此时，学力不能和王世贞、李攀龙等相抗衡，而心中则知王、李之非，所以斥为庸妄，创为伪体秦汉，连官名、地名也改用古称，使人不知作何等语，批评他们说"文理不通"，绝非妄语。

然而归氏文气、文体还能清通，而其中也找不出心得之言。所以归氏在当时的文坛能够砥柱中流，只是能文从字顺，不同于流俗。而于古人所说的中心宏大而能表现于外，文辞能表出心中所得，则未能及。可是也不得不推许他是当时的豪杰之士了。

但是归氏的制艺文字，则有如汉代的司马迁、唐代的韩愈，都是百世不祧的大宗，无人可以取代。所以近代做时文的人论古文，多取法归氏，他的《唐宋八大家文选》，大家几乎看作五经四子。

归有光、唐顺之的文集中论说的文字，皆取法《史记》，而其所得力于《史记》的地方，跟司马迁真正的神髓很有距离。因《史记》本体朴质，而司马迁才大，所以下笔轻灵；而今归、唐所谓文章的疏宕顿挫，其中没有心得之言，就不免浮滑了，而后人学八股文揣摩浅陋的恶习，实从归、唐开始。所以疑心归、唐等人得力于《史记》的，只是皮毛，而未能见到古人为文的深处。如今看到归氏的《五色圈点史记》，才知道归氏所以不能学到古人的原因，正因他用这种不成熟的方式去学古文。

立言之要，在于有物。古人所做的文章，都是心中有所见，并不是像缝衣、刺绣的工匠，以彩色相夸……所以古人论文，多说些读书养气的功夫，博古通经的要道，亲近师友的益处，取材求助的方法，这都是真正的为文之道。

至于论到文辞工拙，则举一反三，称情比类。如陆机《文赋》、刘勰《文心雕龙》、钟嵘《诗品》，或偶举好的字句，或品评全篇得失，使读者能领悟到文中深意，体会到言外之旨，能做到这些，对于文辞本身，也就思过半了。

所以学文章，可以传授的只是规矩方圆，不能传授的则是心中所经营创造的。至于抄纂的类书，标识评点的本子，如归评《史记》，只是为文的末务，只可用来自记所得，而不能示人。因恐以古人无穷心得的书，为一时心中之所见而拘限了。

作律诗要知平仄，作古诗要知音节。然平仄显而易知，音节隐而难察。能熟读古诗，也就得领悟了。时文有法度，作古文也当知法度。而时文的法度显而易说，古文法度隐而难知，当由自己领悟。归氏用五色标识《史记》，以示《史记》的义法，如果是不知法度的人，未尝不可从中领会，只是不足据为传授古文义例的秘方。如果以一己所见，认为天下人皆应以我所评点的为模范，后人即使相信了，但若把古人从地下请出来问，古人也会说："我的意思不是这样的。"那不太冤枉了吗！

归氏的古文和评点的史记，后世有很高的评价，而奉为模范，所以章氏详加评论，也并未完全否定其价值。但章氏强调为文之道，贵在言之有物。而文辞法度，贵在心领神会。至于归评《史记》，也不失为入门读本。

四、汪琬

清初汪琬以能文名，所谓三大家之一。《文史通义·外篇·卷三·与邵二云论文》，论到汪氏以时文论古文之不当，略述如下：

汪琬说，不学制义，便不能学古文辞，这是未得古人深处，只论文法，所见卑下。凡学古，如果只得其貌同而其心相异，皆是只知有古但忘了自己现今所处的境况。古文和制义的关系，犹如律诗和古诗；近体诗和古风的关系，犹如骈文和散文。学的人各有擅长的一体，换了一体就不行了。人对某一种文体的造诣虽有高下，而万物之情则各有其极致处，如能心知其意，那么文辞的体制虽有别，其中的曲折，还是可以共喻的。每见工于时文的人说他不解古文，擅长古文的又说不解时文。如果说不能作古文或时文，还不足怪，如说连作的理也不知道，那所说的工和擅长，实际上就该打折扣了。我章学诚对时文所知很浅，近来因常改古文，而转能窥见时文的妙处，才知天下的**理**可以互通。

汪氏多以时文法度来论古文，犹如用量车船的尺度去量大厦。所以他教人作多人的合传，要互相详略，说是有如制义的割裂经书中的文句上下部分，再合成一个题目，那种截搭的方式，可以互相映带，这种见识太浅陋了。

今人论文，无不宗仰西汉，西汉人的文辞，出于经学，跟三代的典谟相去不远。学校所教所学，必定取法先圣，先圣的学说，都在六艺中，作文当从制艺科举中来，犹如说立言者折中六艺。是以司马迁作《史记》，还是不能不从制艺科举中来。今人动辄说发情著书，于是就以为可随心所欲，而不知古人为文的谨严。所以读书当知崇功令，文字应依制科，那么文辞的境界便醇厚而心术端正，只是不可如汪氏直以时文法度去论古文。不由规矩，就不能成大匠，至于神而明之，则存乎其人。

按：章氏认为从古文法度也可学时文，固然不错。可是当时的时文法度，还能有多少古文法度的成分，就难说了。他甚至说《史记》和六艺也都是当时的制科，这就不免附会过远了。章氏的言外之意，实在是说汪琬对古文和时文的法度，所解都不深，所以只能知其一而不知其二了。

《文史通义·卷六·答问》篇论方苞删改唐宋大家文辞之失，大略说：

论文改窜前人文辞，文心不同，也和人面各不相同，不能以自己所见，就说胜过前人。《史通》有《点繁》篇，对《左传》

《史记》等文辞，都有删改。有人讥讽他知史而不知文，然而刘氏有所为才如此做，得失还可互见，如果专门论文，就要更慎重了。古今人的聪明智慧，也自难穷，今人所见，未必都不如古人。大约无意之中，偶然有会于心，删改古文可收点铁成金之功，如果刻意要胜过古人而去删改，那就如同画塓了。因为论文贵于自然呈现天机，而不贵人工刻意穿凿。

五、方苞

近世方苞删改唐宋大家的文辞，方氏只是文人，于大道所得不深，况且又加上私心想胜过古人，不免开后生小子对他人的文辞也肆无忌惮去删改的恶风。

后人删改前人文辞，必须是对是非得失有所见，出之如不得已，详审至而后再改。如国家的议论旧规章，名臣讨论利弊，除非有十百倍相差，否则宁愿守旧而不随便更张。倘不是深知此意而轻议古人，便是庸妄之尤。即使有尺寸之得，也不足抵偿其寻丈之失。方氏是删改大家，所改的有上述非改不可的情形吗？不，他只是私心求胜于古人。此是方之所以到底不能达到古人境地的缘故。

章氏曾亲自体验过删改他人文字不易，《外篇·卷三》有《与邵二云论文书》，记改朱筠文字事：朱筠写成《蒋渔村编修墓志》，嘱钱大昕和章氏参定，钱氏不肯动笔，章氏加以改定，朱筠也未置可否。章氏认为钱氏之不肯动笔自有深意——不当作者之面改动其文字，是唯恐所改虽好，未必合其本意，更何况是未必能改得好。

同时代的人，师友之间尚且如此，何况删改古人文字。难免会以今人的法度，使古人迁就我了。

第七节　诸子衰微而文集兴起

章氏甚至有著作衰而有文集之叹，《说林》篇有：

诸子百家都各有其独到的宗旨，文体峻洁而可以参合他人的文辞。文集是杂撰的统汇，兼备各种体制而不敢收入他人的文章。原因何在呢？这不是文采辞致方面文集不如诸子，而是诸子那些卓越的志识有虽离其文字仍能自立于不朽的地方，这不是文集比得上的。然果有人能卓然自成一家，立说如同诸子，那么就是收入他人代言的文字，又有什么关系呢！

文集从《文章流别》开始，后人汇集前人的作品，想能看得完全，如同编集子书用人名做书名一样。诸子之书，记其学说和行事，还有他人传述他的学说，那才能见出这人的全貌。譬如挚虞所编写的三本书中，《文章流别》是汇集人的文章，《文章志》在记事，《文章论》在收他人论述这些文章的文字。所以挚虞的《文章流别》本来是和《文章志》《文章论》三书相辅而行的，三书并见就可以看出一个人的全貌了。如今没有挚虞的三种书，而在编次一部立说足以卓然不朽的文集时，对关于这人的行事，他人的传述以及他人的评论，都应编在一起，以求备载这一人的本末，也就是一人的历史的说法了。

所以文集的出现便是因著作衰微，这也是情势所趋，不得不如此。《文史通义·卷六》有《文集》篇，略云：

集部的兴起，当文章升降之交。古代朝廷有典谟，官府存法令，风诗采于闾里之间，奏章登于庙堂之上，没有人自著书、家存一说的情形。从分途治学，百家兴起，周秦诸子纷起，有识之士已以道术分裂为病。但这时也还是专门传授之业，未尝想以文辞名家。那些能自成一家而显学，绝不会无端掺进一些与自家学说无关的文辞。

两汉文章渐多，成一家之言的著作也就开始衰微。然而贾谊的奏议编入《贾子新书》，司马相如的辞赋在《汉书·艺文志》中只记其有若干篇，而不是称为某人的集子。这些都还能成一家之言，和诸子相去不是很远，没有人汇集各体文辞，编成文集。

从东汉到魏，文章写得更多，然而《后汉书》和《三国志》中文士的传记，记载他们的文辞，都说所著诗赋碑箴颂诔若干篇，而不作文集若干卷。可见当时已有文集之实，尚无文集之名。

挚虞创文章流别，学者称便，于是分别聚合古人的作品，标名为"别集"，可见"文集"这一名称，实从晋代开始。而后世应酬性不经心的作品、俳优文字，也都编成别集，这是《七略》和《汉志》所无法安置的。当然，所写的文字也缺乏真情，矛盾参差，不再像专门名家那么成一家之言，语无旁出了。

到了荀勖编的书目，经分四部，诗赋图赞和汲冢书归丁部，王俭编的《七志》以诗赋为《文翰志》，还没有专门一目。到阮孝绪的《七录》，技术、佛、道分三类，而又分经典、纪传、子兵、文集四录，已经全为唐人修《隋书·经籍志》，分为经史子集四部的权舆。所以书目中有集部，从萧梁开始，而古学源流，到这时一变，也是时势所造成的。

文集既是《七略》和《汉志》所没有的部类，章氏起初有意按各家的专门之学分入子部各类，如韩愈儒家、王安石法家、苏洵纵横家。后来不能每一种别集都有适当的安排，也就放弃了，认为四部既然通行，不能返回到《七略》，犹如楷书通行，不能让人再通用隶字一样。所说时势造成的，除了数量多、历史久之外，还有这一层意思，他说诸子衰微而别集兴起，他这话是从实验中得来的。

章氏把文辞分为著述之文、考证之文、文士之文三大类，所论文士之文，也还是在载道和比事属辞上立说，也就是不外说理和记事，而很少涉及抒情。

第八节　论抒情文学

钱穆的《中国史学名著》的末篇，论到章氏论文入人者情：

讲史学，不仅要史才、史学、史识、史德，而更又讲到要文章，这又是章实斋之深见。所以章实斋著书，取名《文史通义》。而我觉得他讲文章，有些处比讲史更好……如他说："文所以动人者气，所以入人者情。"这是说我们写文章有两要项：要有气，文章才能动人；要有情，文章才能跑入人家心里去感动他。

实斋又说："气贵于平"，"情贵于正"，"气胜而情偏"……正如今天的文学，以嬉笑怒骂、尖酸刻薄为能事，鲁迅则奉为一代之宗匠。但是气过了分，情不归正，其流风余韵，尚可影响全社会，这哪里是能"尽其天而不益以人"之所为。论文到这种地方，很难讲，有一番很深的人心修养问题在内……章氏论文，正见他的学养深处。

钱先生这段话，是就《文史通义·卷五·史德》篇大略写出的。

章氏本意，仍在说明比事属辞的叙事文字，所以他又说：

> 史之义出于天，而史之文不能不借人力以成之，人有阴阳之患，而史文即忤于大道之公，其所感召者微也。

钱先生对天人的分别，已详见前章，大意是："拿现在话来讲，只是要客观地把事实真相写出，这即是'天'了，但不要把自己人的方面加进去。"

历史重在忠实地写出客观的事实，而纯文学重在写出作者主观的情感。章氏对这方面另有说明：

《文史通义·卷六·杂说》篇：

世上那些自认文章写得好的人，以为只要用工整的语言文字，巧妙的写作方式，就能描绘出难言的景物，显现出难以表达的情感，能比得上天地造物，文章作得就算最好了。写文章时，行乎不得不行，止乎不得不止，也就是顺乎自然，毫不矫揉造作，如同地下旺盛的泉水随地涌出似的，文章就算最好的了。所写出的文章，说到快乐的事便能使读者从心底里笑出来，只要说到哀伤的事，读者便发出悲叹。比得上古人的两件事，一是《说苑·善说》篇记雍门周为孟尝君鼓瑟，把孟尝君感动得涕泣交流，并说：先生所演琴的琴声，让我感到破国亡邑的痛楚，而有所觉悟了。另一件《乐府解题》记成连教伯牙鼓琴，使海水、山林和群鸟都发出悲号，以感动伯牙，伯牙终于成了最会弹琴的人。作文即使跟雍门周、伯牙一样能以真情动人，还不能算是最会做文章。

只知道古人所说的，而不能领悟古人的言外之意，这不能算是知言；只知古人所行的，而不能领悟他们所行以外的用意，这不能算是知行。

《诗经》三百篇，那些文字并没有增减，歌咏的声调也没有不同。描绘事物的细致，抒写情意的婉转，陈义之高，从古到今都没有改变。可是解说《诗经》的旨意只要有了差异，那么《诗经》的得失就大有高下之分了。

所以说要把文章写好，不在他所写的有多详细，而在他言外的那番本意。

《羯鼓录》记一件事：有一位长于音乐的人旅居长安，月下听到演奏羯鼓，循着声音找到演奏者，知道他的先辈曾在太常任职。问他的技巧，很精湛。又问为何没有尾声呢？答道：我查旧谱却少了这一段，所以在月下演奏，希望能领悟出来尾声。问他曲调成了，意思也完了吗？答：完足了。问意思完足就好了，又求什么呢？答：因为声还未尽！因而击掌说：你可以和我谈音乐了，于是教他借调来完足余声。那人演奏羯鼓，果然这尾声和全曲相合，以至于感动得击头而泣。这可说是艺事到了神妙境界了。

文章之道，也有如此。文章的用途，固然是用以说明道理或是记事，然而有时理也说明了，事也记好了，而文势还有所欠缺，像有所未尽。这不是辞意未到，而是辞气有所病而未到精纯的缘故。

寻求义理和征实考订的人，都轻视文辞，认为文辞只要事理明白就好了，还有何求呢？而不知道要是辞气受病，看的人觉得文章沉郁而不舒畅，就连所记的事和理也觉得有毛病了。

文以气行，也要情能到。人对文章，往往事理明白，对作文的本旨，像是可以无憾了。然而他人看了文章，觉得所记的事理也不过如此，不写这篇文字也可以。这并不是说事理本无可取，也不是作者的文章不如所写的事理，而是文的情未到。

今人误解孔子"辞达而已矣"的意思，认为文章只要写得事理明白又何必深求，而不知文情未到，就是所写的事理也未到。譬如那说笑的，说同样的话，有的让人听了索然无味，有的让人大笑不止，这就是能得其情。又如诉悲苦的，叙述同样的事，有的让人听了觉得无所谓，有的让人听了涕泪流个不停，也是得其情的缘故。

从前人不知道写成最好的文章，不知到底是文生于情，还是情生于文。其实是文生于情，而情又能生文。这是做文章的人多事吗？不知好文章能使人由情而恍然领悟到其中的事理。一定能做到这一地步，才可够得上孔子所说的"辞达"。

笔者认为，这几段很深入地讨论以抒情为主的纯文学，道理也说得很透彻，只是着笔不多，因为其论文辞的重心并不在此。

诗虽也可以叙事，如所谓诗史；也可用以说理，如宋明理学家的诗。可是这只是借用诗的形式罢了，正直而狭义的诗，应以抒情为主。章氏对诗，便颇为轻视，如《文史通义·外篇·卷三·与胡雒君论文》，大略说：

诗文异派，同出于经，前人所称杜诗韩文，彼此不能兼长，而造诣也不相上下。后世写诗文的人，文则必须是通人写出，才能没有毛病，诗则不必通人也可拿得出手。所以江湖诗人，其中最是浑浊，不完全出于士流。文人即使不能作诗，但所写的韵语也能不失体要，因为文能兼诗；诗人不能写文章的，所写的散语便不免芜累，因为诗不能兼文。

其实成为顶尖的诗人，并不比成为顶尖的文人容易。

第九节　如何学做古文

《文史通义·外篇·卷三》有《答周筤谷论课蒙书》两件，论章氏教十二岁的幼子和十四岁的孤甥，天资都不敏于诵读，然听讲《孟子》，便拟《孟子》答问文字；听讲《毛诗》，就拟四字断句的韵语。因恐他们把作文看得太轻易，想要厚培其本根，故所选读的文字，不全取轻快流利一路。打算取《诗正义》当作制义的范本，取《群史论赞》作古学的底蕴。

按：不取轻快流利一路，便是取所谓"重拙"的文字。由诗疏和史赞入门，便是厚植根基，不取快捷方式，这当是章氏学文辞的心得。

又《文史通义·卷三》有《答陈鉴亭》，论从应酬文字中也可学古文。略云：君子只患对道有所未见，只要见道随处都可发挥。即使应酬人事，也施以我所得的道。韩愈的七百首诗文，不是为了应酬而是以自己本意写成的，不过二十分之一。《孟子》七篇，凡答齐、梁诸侯，答弟子问，和同时人相辩的，皆是应酬，又有什么关系。世人以应酬的角度求我，我就以道相应。

按：章氏的说法不免牵强。一是他所谓的应酬太广了。二是韩愈所存的诗文，经过选择，淘汰掉的应酬文字必然不少。同卷有《答某友请碑志书》，记朱筠对有人投事状请做文章的（当是传记、墓志之类），朱氏看了事状，常抛开不管，一定要找那人来再三询问，章氏觉得何必如此。等看到文章，实在写得好，拿事状来和文章比较，事状所载的，朱筠全未采用。文章和事状，可说风马牛不相及。后来才恍然大悟其中缘故。因而慨叹于前人说的：那些忠孝节义之士，不死于杀人的刀锯之下，而死于文人的笔下。这话说得实在令人回味无穷。几十年来，我章某全用朱筠的法子。大致根据事状来探究真情，很像据诉状来平反疑狱。狱情既得，那么诉状的一面之词，有的全不合事理。于是才知道作文时研求的功夫，同于那些断狱的老吏。不是朱筠的提示，前人是不曾采用的。

章氏因为某氏请代一显达撰家人碑志，既不能如朱筠的方式招来询问，因而辞谢了这桩差事。类似这种应酬文字，恐怕很难都推辞掉。不然，这类应酬文字，请问如何表现你的"道"，而无碍于练习古文。

章氏好说些理论，而不全切于实际，这也是一个例子。

章氏不但自己以能文自负，而且会批评前人的文辞，连教他作古文的老师朱筠，也请他参定文字，而且接受了他的意见。那么他一定有些怎样学古文的方法，这里不谈读书养气的高论，而从他教子弟学做古文说起。

第十节　怎样的古文才算好

《文史通义·外篇·卷二·评沈梅村古文》篇论古文贵在"清真"，大略说：

> 至于古文之要，贵在清真，清则气不杂也，真则理无支也。理附气而辞以达之，辞不洁而气先受其病矣。

章氏并加以说明：辞何以会不洁呢？因为文各有体，六经也都如此，所以《诗》《书》《易》《礼》的词语，都不可相杂，虽以圣人之言，群经间放错了所在，就不洁了，辞不洁就气不清了。

至于后世辞赋所用的绮丽言辞，也不可入纪传。如故乡可说成"父母之邦"，但不可说成"桑梓"，因那是两种树木的名称。伯仲可称为"昆弟"，而不可代以"埙篪"，因那是两种乐器。《史记》以"骥尾"代先圣孔子门墙，都是不洁不清的词，切不可仿效。

评论古人文章的体裁义例时，不妨从宽，评今人文字时则不能不严。这是因为古人无意于作文，口耳授受，记于竹帛，皆出于不得已，其中往往有可以意会而不可言传的地方，不可全用后世的法度去裁度。（《左传》称人名氏、字、谥、爵、封邑，全无定例，断不可学。）后人不能知道古人不可言传之意，而徒然学那表面的文字，就要泛滥无所归了。

古人作文，不患文字不工，而患徒然工于文字，却无益于世教。不患学问不富，而患徒然富于学问，而无得于身心。文士怀才，有如勇士握有利器，可用以做强盗，也可用以抵御强盗。这就看他心术如何了。

《外篇·卷三》有《与邵二云论文书》，也论到"清真"：

> 仆持文律，不外"清真"二字，清则气不杂也，真则理无支也。此二语知之甚易，能之甚难。

此下则发挥邵念鲁"文贵谨严健雄"之意，可以和"清真"互相发明。大略说：

谨严存于法度，雄健存于气势。气势必由多去充积，不可从表面袭取而勉强为之。法度则需由于讲习。疏于为文的人，认为法度不过是方圆规矩，人人都可知道。不知文章法度犹如国家的律令。文章境界的变化，不是显然的法度所能该备的，就犹如狱情变化，不是一定律令所能包括的。所以深于为文的人，必定有无形无声而又至当无可变易的法度，那就是文心。精于治狱的人，必定有法令判例所没有，而要自行斟酌天理人情，这就是律意。文心和律意，除非作家和老吏，不能神而明之，不是规矩方圆所能尽的。然而只要用功纯熟了，旦暮之间，也许可以领会到的。

这里要特别讨论一下章氏所说的"清真"，粗浅地说，是戒用典故，《外篇·卷三·答某友请碑志书》，痛责滥用典故的不当。如从深处说，一定要弄清楚有形之外的规矩法律，才能达到气不杂、理不支的清真境地。《外篇·卷三》有《与朱少白论文》，说道：

> 仆于文章，喜为"显朗"，间遇幽折文字，往往窜易字句以就其文气，此乃义例有然。

这里的"显朗"，可以和"清真"相发明。而所谓"幽折"，也就近于气杂而理支了。

章氏详论古文的标准（如他反对用典），我们今天仍可用来作为写文章及评论文章的标准。如今不但写历史，就连从事文学创作，也很轻忽文字的素养，章氏所论，在今天可说成了绝响。但章氏再三强调"言而无文，行之不远"。有志于千秋名山之业的人，先得在文辞上下功夫，那么章氏在两百年前论古文的苦心，也就不致完全落空了。

第四章

怎样写好地方史

我国历史悠久，史学有很高的成就。而疆域广大，和欧洲约略相当，民族文化虽同出一源，然各地山川形胜，风土民俗，总有些差异，难以一一写进国史里去。所以除了全国性的国史外，还得有些地方性的史乘，以记录那些不属于全国性的资料。

　　地方性的史乘，可以上推到《尚书·禹贡》和《周礼·职方氏》。唐代的《元和郡县志》、宋代的《太平寰宇记》，是州县志书的滥觞。明清两代纂修的方志渐多，至今仍有传本的，不下七千种，是史书中很可观的一批资料。可是却有许多方志修志的方法，陈陈相因，不求改进，甚至虚应故事，失去地方史的功能。

　　章氏有鉴于此，发凡起例，并编撰了几种方志，对前代方志，公认修得好的，加以批评，影响所及，使得大家重视方志的编撰和利用，发挥了地方史的功能，建立了方志之学。

第一节　方志是地方史

循名责实，方志应当是地方的历史，可是向来图书分类却列入地理类中，就是说所重的是它的地方性，而不是历史。

譬如，戴震便认为修方志在考地理，只要把这一个地方的沿革考明白了，修志的任务就算告成。至于本地的历史文献的搜集、选择、编辑等工作，实是不急之务。所以他所修的《汾州府志》《汾阳府志》，便是仿照唐宋时代州郡图经的方式，特别着重在沿革和古迹方面，而不载有关地方上的历史文献，看起来有点像是游记。

章氏则认为方志在提供修国史时的资料，而地方政府组织虽小，却也是具体而微的中央政府，修方志便应采取修国史的体例，为了适应各地方的情况，不妨稍加变通。所重在搜集、整理、保存文献。所以多则百年，少则三四十年，便得重修一次，以防文献散佚，考核起来困难。至于沿革，史书里记得很清楚，若一定要加以考证，则只要在方志中写一篇沿革考就好了。

戴震的年辈比章氏稍早，在社会和学术上的地位，当时都比章氏高，而且他的论调由来已久，又为当时修方志的人采用，所以很有些见识浅陋的人听信他的说法。

可是等章氏把修方志的方法、体例等公布出来，并用这些方法和体例修成几种方志，又用以批评前代所修方志的缺失，是非便豁然可辨，修方志的人便多采用章氏的方式，而摒弃旧法了。

对于章氏纂修方志的主张，他本人也不断加以改进，后来讨论修方志的文字，又渐渐多起来。主要因为时代改变，对地方文献的搜集、整理、保存的方式也有改变。譬如章氏时以文字资料为主，最多加上舆图。如今对地下出土文物，日加重视，便得采用图片。不过基本结构，还是采用章氏的，所以章氏身后的一百多年，可以说建立了方志学。

第二节　设立专门机构

《方志略例·卷一》有《州县请立志科议》，大意是：

国家大政，既然始于州县，那么修纂国史，也当从修州县的志书开始。有的州县志书修得荒陋无稽，可是该地方政府的公牍却不荒陋无稽；有的州县所修方志的义例和文辞，不免因修志的人而有臧否工拙，可是官府里的公牍不会如此。这是因为登载公牍有一定的章则，典守有专门的人员，所谓取法三代的遗意，而修志却没有专门人员，没有一定章则之故。

所以州县的志书，不是短促的时限所能修成的，应当平日在地方政府中，特别设置一个部门来负责，在官员中选拔那些对修志工作有相当认识的充任，而且订立一些记载的方式，好依式记载，就像公牍也有一定格式似的，就不会有自作聪明的毛病了。这样累积了几十年，就访求文笔好而且具有史学修养的人，加以笔削成志书，也就是先准备资料等表，一旦找到一个有能力纂修方志的人，才能修成足以传世的方志。这样反复地累积了若干资料再纂修，不会感到怎样麻烦，所收的功效也不是那些号称是文史之儒的人所能比得上。这是三代的遗制。

那么这一工作怎样做呢？各部门的公牍，应把主旨录出。首长、主管和学官去职的时候，应把他在任内行事善恶有实据的，记其始末。至于辖区民众所修的家谱、族谱，个人有传记行状墓志之类，都要把副本送交地方政府，由负责单位保存，并分类编目。

至于地方一些重大工程，如修建官署、学校、庙宇、堤坝、桥梁等，重大事情，刻石记述的，就刻成拓片。重要的聚会，如乡镇礼、讲学等，都要记下当事人的姓名职衔，记录下见闻，设一专室贮存，以防止水火损毁。分门别类，记明年月，妥慎保管，橱柜要上锁加封，非有必要，不能随意开封取出。各乡镇设有专人负责采访，选地方上众望所归的公正士绅担任，好搜求遗文逸事，并请德高望重的老先生师儒，秉公查核，判定其可信度。

至于府和布政使司两级，府级负责府志的官员，应就州县收集的修志资料，加以节录，而且对所辖州县的资料，兼收并蓄，并互相参证，看各州县访求的是否确实。而于知府或单位主管等去职的时候，也要照州县的法子，就他们在任时，平日行事善恶有据的，记其始末。布政使司对所属各府搜集的方志资料，也采用这一方式。那么不但下级政府的修志资料它都有了副本，而且本府（或司）所应有的修志材料也都有了。

文章和政事，本是互为表里的。州县各单位的公牍，是施政的凭借，万一发生意外——如被水火损毁；收藏得不够谨慎而受了潮湿，遭了虫蠹；或是给不肖官吏涂改了……如果修志部门早先录了副本，就不怕这些情形发生了，所以设立专责修志的单位是很有助于施政的。

天下的族姓太多了，中央政府不可能都有翔实的记录。而争夺宗祠、继承遗产、冒姓冒籍，违法的婚姻、户籍、兵籍、劳役等，有时不免会引起诉讼。如果遇到奸人伪撰宗谱，那一定会造成很多困扰。如果州县平日就能注意到搜集谱牒，留有副本，就不怕了。近代文集和传记、墓志等，太多而且内容也太杂乱，至于笔记小说，更是是非混淆，无从分辨。如果修志单位能保有论定成书部分的副本，请学校的老师宿儒本着公正的态度加以讨论，那么因为是本地的事情，也就容易弄清真相，就不易为传闻所误。这都是设立修志的专责单位有助于施政的例子。所以说，文章和施政是互为表里的。

章氏所说的志科，有些像是现在各地的文献委员会，或是文化中心。不过文献委员会或文化中心还不曾利用到地方政府各单位的档案，因为牵涉业务机密。那么失去时效或不需保密的部分，不妨由修志单位保管，并加整理。

第三节　修方志的十种方法

有了机构，就得有办事的方法，作为依据。

《方志略例》有修志十议，认为修志当乘二便，尽三长，去五难，除八忌，而立四体以归四要，而略议其所以然者为十条，先陈事宜，后定凡例。

二便：地近则易核，时近则易真。意思是写本地近数百年以至近数十年的历史，容易真实。

三长：修志之人必须识足以定凡例，明足以决去取，公足以绝请托。也就是必须具备了刘知几所说的"才""学""识"三长，才能决定哪些应写，哪些不应写。能有章氏所说的"史德"，才能公正无私，杜绝请托。

五难：清晰天度难，考衷古界难，调剂众议难，广征藏书难，预杜是非难。这五难可以分为三种情形：弄明白天度，对历代的疆界考察得精确，这都是专门之学，一般修志的人往往不能具备，此其一。广征藏书，需要相当的人力、财力和时间。所以章氏要在州县立志科，可是以往并没有这种制度，章氏人微言轻，说了也不发生作用，所以等到那一州县要修方志，仍得临时广征藏书，效果必然不会理想，自然成为一大困难。至于调停众人的议论，预先防止可能发生的是非，都是人事上的问题，正因为地近和时近，也就最容易发生，却难以处理。

八忌：条理混杂、详略失体、偏尚文辞、装点名胜、擅翻旧案、浮记功绩、泥古不变、贪载传奇。这八点都是历代方志常有的缺失，章氏极力主张改正的。

四体：皇恩庆典宜作纪、官师科甲宜作谱、典籍法制宜作考、名宦人物宜作传。谱也就是表，考多称志，不过志和方志的总名相同，用考字则有分别。

四要：简、严、核、雅。章氏主张立三书，事实上另外还有《丛谈》一书，便是求方志的本身能简，严应指的是义例，核是要考订精确，雅是文词求典雅。

十议

（一）议职掌：提调专主决断是非，总裁专主笔削文词，投牒者叙而不议，参阅者议而不断。各不相侵，事有专责，也就是分工合作。提调负责定义例，是章氏最重视的。总裁不仅是动笔写，也负取舍之责。投牒者收集资料，参阅者职在审核，而审核的结果则供总裁参考。

（二）议考证：州县志书，所记的区域虽小，可是各部门有如国史，都要完备，所以要考证精详。所需参考的图书，从上级的省志、府志，以及邻境的志书之外，像是《二十二史》《一统志》《大清会典》《赋役全书》等，都要加意采访。又如地方人士的著述，如文集杂史、笔记小说、家谱图牒之类，凡可供搜讨的，也要由政府征收，以供博观约取。至于各部门的公文，有关政教典故、风土利弊的部分，都得录出副本，送到修志单位，好详慎整理，以求巨细无遗，留下传之久远的信史。（按：这一项说是"议考证"，实在是说如何搜集公私各方面的资料，并没有说明如何去考证。）

（三）议征信：方志最重要的部分在人物，取舍的标准，在能辨别各人生平行事的真实性。对于旧志中的人物，只可据新得的材料改写，而不可删除。至于新增的人物，先由各家子孙投送行状、家传之类，经过查核是真实的，再送方志馆立传。但所送的行状，一定要有可供记载的事实才行。如果所送是做官的，一定要详列其做过些什么官职，兴办过哪些公益，除去过哪些公害，曾有哪些政事有益国计民生，才算合例。如果只空说些"慈惠严明，清廉勤慎"，像是考绩的评语而没有事实，便概不收受。又如所送是卓行，必须开列做过哪些超越常人的好事。文苑要开列著过些什么书，为士林所推重。儒林要看他对哪些经典有研究。

孝友得叙明有哪些事能见得他孝于亲、友爱兄弟。这些都得有真实的事迹，才好加以采访证实。不然说起德行，都像是曾子、史鳅；说起学识，都像二程、朱熹；文章都像司马迁、班固那么好；品德都比得上伯夷、柳下惠。没有事实，又如何去分得清是真的还是假的呢？

至于旧志所收的人物，真的是有遗漏，或是对生平大节，记得不完备，也比照新收的人物来核实增补。

（四）议征文：近代的方志，艺文部门多收些诗文，好比《文选》。对于地方人士著述的目录和作者的生平，都不加载，是不合方志体例的。如今应更改凡例，仿照《汉书·艺文志》，选些有价值的，撰写提要，分门别类，可供将来修国史艺文志时参考，这才有益于地方文献。至于现仍在世的人，虽有著作，依例不入志，这是御纂《续通志》时用的法子。

凡是古今文人学士，有不朽的著作，无论经史子集、方技杂流、佛经道藏、图画谱牒、时文训诂，都可以抄录副本送馆，以凭核纂。不过所送的书，须是地方人士共见共闻的才行。即使未经刊行，也必须经过论定成集，才能收录。如果只是随意抄写的稿本，零星的几页，也从来没有人作过序跋，就不能编入艺文志。而旧志原曾编入的书，如今已经散佚不传了，仍可收入，而在目录之下，注一"亡"字加以分别。

（五）议传例：照例方志不为生人立传，但列女和去任的官员例外。不过卸任后仍任本州岛县，或升任本地上级政府官员，而统辖本州岛县的，仍不立传，以避免逢迎之嫌。（按：不为生人立传，很受今人反对，不过这是当时的通例，且在避免请托。）

（六）议书法：典故重在政教典礼、民风土俗，像那些浮夸形胜，勉强凑成八景、十二景的，都当省略。至于古迹名胜，确有价值，名人题咏，值得记载的，也用小字分注，酌量附在正考之下，以便分清历史和稗乘。这是方志和游记的不同之处。列传以名宦乡贤、忠孝节义、儒林卓行为重；文苑方技，确所长的次之。官员和登第的士子，没有什么值得记载的，分别立表，任职和登第年月之下，仅记姓名，有应立传的，也不在表中注明。近日通行的例子，一人常分列职官、名宦、艺文、选举、人物等门类，并加互注，使得体裁烦琐不堪。[按：章氏编书目力主互注（也叫互著），编方志中人物门，则反对互注，《文史通义》中曾屡次提到。其实同一人而分载多处，也能便于查阅。]

（七）议援引：史志引用现成的文字，在叙明事实，而不在讲究文辞。倘使和事实有关的，连公文也要采用。和事实无关的，哪怕写得和班固、扬雄一样好也不收。但是旧志所录的文章，如果分录在有关的人物或记事之下，那么篇幅繁简不一，要是收到有关的考或列传之中，势必要加以删节润色。如怕有抄袭之嫌，不妨在引用时，标出原作者姓名。凡经平常删改字句的，加上“其辞曰”三字起头。要是删改得太多，可加“其略曰”三字。至于诗赋，只在地理考内，名胜条中，分注之下，可引用少许，

136

以证明地灵人杰。至于写景抒情之作，真写得好的，也要另编成别集或选集。不掺杂在方志中，才合体裁。好比《左传》和《国风》不能合成一部书的道理是相同的。不过方志的风俗篇中，可以引证歌谣，好比《左传》和《国语》有时引证谣谚一般。[按：这篇《修志十议》，写于甲申年（乾隆二十九年，1764），议修《天门志》时写的，《方志立三书议》，还未成熟，不过已感到诗文不便于收入志中。可以和本卷下一篇《天门县艺文考序》所附的《艺文论》参看。]

（八）议裁制：凡取旧传，照今志义例，写成新传，对应删的事情，未便遽删的，可作双行小字，并作者姓氏和删润的原因，附注本文之下。

（九）议标题：今人好分析，如天文分星野、占候为西志，地理分疆域、山川。人物分类，也牴牾牵强。所以方志体例坏于标题不得史法，而标题则坏于艺文不合史例。

（十）议外编：琐细事体，又不便遗弃的，如人寿百岁、科第盛事，当因杂著体零星记录，称为外编或杂记。谣歌谚语、巷说街谈，如有可观的，也入这一类。（按：外编当即后来的《方志立三书议》中的丛谈。）

这十种方法，如今大体还可以沿用，也需加以改进。例如搜集资料，章氏采取被动方式为主，等候当事人投送。如今则可主动征集、调查、测绘，而大众传播事业发达，日常便可就报章杂志、论文集等留意剪辑，又可以邀请地方耆老举行座谈，所得必然很可观。美国的公共图书馆多有特藏室，以搜集和保存地方文献。有纪念性的建筑物，物主可以利用变卖，然非经许可，不得拆除，都可以取法。

第四节　方志的结构

要想纂修某一个地方的文献，必定要有：（一）志，仿正史的纪传体裁。（二）掌故，仿律令规章的体裁。（三）文征，仿《文选》《文苑》的体裁。这三种是相辅而行的，既不能缺少某一种，也不可加以合并。说明如下：

第一，六经皆史，而后代相袭不废的，只有《春秋》《诗》《礼》三家。正史纪传，出于《春秋》；掌故典章，出于《官礼》；文征出于《诗经》。今方志的"志""掌故""文征"三书，正取法于此。

第二，方志虽仅是州县的历史，不过所承奉上级政府而施行的政事，中央政府的吏、户、礼、兵、刑、工等六部所主管的业务，也都具备了，所谓具体而微。志书可供修国史时取材，犹如《春秋》是根据当时的《百国宝书》修成的一样。所以国史既分纪传、掌故、文征，方志也应如此。

第三，后来修国史并未听说取材于方志，是因为修方志的方法，久已失传。如今的方志，都修得不合史裁。其中古雅些的，只是文人游戏、笔记小说罢了。至于鄙俚，更流于公文案牍、随俗应酬的文字。修国史既找不到真正的方志，只好找些家谱、墓志、行状、文集、笔记等私家记述，所谓礼失而求诸野，而这些私家撰著，难免有不真实的地方，如果没有好的方志相参证，修国史时就很不容易考得真实。所以修方志的方法不传了，国史的准确性也就受到了影响。

（四）修国史的法则，那些文人的撰述和官府的公牍，皆不可用。然而除了这些资料，又依据什么去修史呢？孟子曾说过："其事、其文、其义，《春秋》之所取也。"意思是：根据公牍中所记述的政事，而要以典雅而不鄙俚的文字予以记述。哪些事应该写，或不该写，要如何写，就要有修史的义例。所以说，国史和方志都是出于《春秋》。用人的身体作比方，记事好比骨骼，文辞好比肌肤，而义例则是精神，必须合乎义例才能自成一家，成一家才能传世而行远。

（五）既然要取材公牍中的记事做方志的骨骼，又为何要删节公牍编成掌故呢？这是因为纪传体正史中的书志，皆是综核典章，发明大旨而已。所以《史记·礼书》说："笾豆之事，则有司存。"（按：此处章氏失检。《史记·封禅书》有"若至俎豆珪币之详，献酬之礼，则有司存"；《论语·泰伯》有"笾豆之事，则有司存"数语。）这是史部书志部分的通例。司马迁所指的有司，如叔孙通制定的朝仪、韩信的兵法、萧何的律令，皆各有官员保存这一类掌故，国史中是不能全行收容的。可惜当时没有刘秩、杜佑这样的人，能删取掌故撰成典要。所以想找汉代的典章，仅有《汉书》，而不能像唐代有《通典》记得那么详明。那么删取掌故和方志相辅而行，就犹如有《唐书》又有《唐会要》，有《宋史》又有《宋会要》，有《元史》又有《元会典》，有《明史》又有《明会典》，是同样的道理。

（六）有人问：如今的方志中艺文一门，多不收书目而选载些诗文，取其记事和记言可以互相参证。而另编一书叫作文征，用意何在呢？答道：详细说明在《永清县志》的《文征序例》中。简单地说，修方志既然仿照国史的体裁，那么有关史裁的诗文是可以留的。如像《汉书》便选载了一些汉代的诏疏，不过用选诗文的体例去编方志艺文志，那就犹如《宋文鉴》可以和《宋史》合为一书，《元文类》可以和《元史》合为一书了。

（七）有些州县的人，可以传诵的文字不多，既选了和地方上有关的部分收入纪传，再编文征，篇幅便剩下不多了。那么标准不妨放宽些。一书自有一书的体例，《诗》教和《春秋》本是分途的。近代方志艺文选得好的，如果用史志的义例去衡量，仍不免觉得是滥收了。如果想从其中去了解一方文物之盛，就算把艺文的篇幅加倍，仍无法容纳。故如果不把一地的诗文辑成文征，那么《春秋》《礼》《诗》三家文学，都要进退失据了。

三书之外，还要有丛谈一书，是用以收容所征集的材料的剩余部分。古人著书讲究要成一家之言，但并不在夸多而把所有的材料都包容进去。可是不经博览，就无从约取其中有用的资料，

141

去撰写成一家之言的著作。约取之后，当初博览所剩的资料，收到书中，有些不伦不类；如果丢弃不理，也不免可惜，所以把稗史、说部之类，汇编成丛谈，犹如群经在注疏之外有别解，史部有外传，子书有外篇。那么为何不称四书而称三书呢？这是因为志、掌故和文征，都是修志所必不可少的，而丛谈则可有可无。前人常将其附于志后，称为余编或杂志。那些志书，在义例上未能自成一家，把丛谈附于志后也就罢了，如今既依照《春秋》《礼》《诗》等三家之学立三书，那在义例上就不如另编成丛谈。就如《汉书·艺文志》所说的，小说家出于稗官，连那些街谈巷议，也是采风之官所注意搜集的。

第五节　方志的范例

章氏自认所长在史学，不过他始终没有机会参与纂修国史，只能发表一些关于修史的议论。而这些议论，因为缺少付诸实施的经验，难以知道其中的缺失，而加以修正。不过他有很多的机会纂修方志，可以和他的修志理论相互印证，从而随时修订自己的理论，使之更精密周延而切合实用。由周密的理论，又可以做他自己、别人以至后人修方志的指针，再由别人实践的成果回过头来修订他的理论……这样相互循环，使得方志学和实际修出的方志，多能超越前人，深具划时代的意义。所以这一方面的贡献，是值得特别提出的。

他所修的方志，可分做几种情形：

（一）在他手上修成，并有传本的，自然最为可贵，如《和州志》（残存三卷）、《永清县志》七卷、《文征》三卷。

（二）由他纂修，而经他人增改的，便难免失去原来面目。如《天门县志》《麻城县志》《常德府志》。

（三）未能成书的，我们仍可从已成部分，看到他对方志学的卓识高见。如《湖北通志》，存检存稿四卷、未成稿一卷。

（四）已成书或未成书而没有传本的，最为可惜。如《亳州志》。

今把章氏所纂修的方志，摘要略述于后：

（一）《天门县志》，乾隆二十九年（1764）冬，议修县志，由章氏独总其成，而署其父镳衢的名。不过中为俗人所改，所存才十之六七。因而慨叹：著作之事，一定要出于自己之手。不过《方志略例》中有《天门县志·艺文考》《五行考》和《学校考》序各一篇。又因修《天门志》而有《修志十议》，建立了他对修方志理论体系的基础，后来虽常有修正，大节却都已见于《十议》了。这时他才二十七岁。足见他对史学，真的有天赋，而《天门志》也是他以后三十多年修志生涯的一个起步。

《天门志》在乾隆三十年付刊，而章氏也在这一年离开湖北去应顺天乡试，所以纂修的时间，前后不到一年，足见他在修志之前，对方志便已有了深切而周密的认识，所以能修得这么快。这一刊本有二十四卷，署胡翼修，章鉴纂，大概就是由俗人所改的。

（二）《和州志》四十二篇，《文征》八卷，乾隆三十八年（1773）和州知州刘长城聘章氏开修，次年修成初稿。而和州辖有含山县，州志则详于州而略于县，以免和县志重复，却因此和学使秦潮意见不合，因而中废。章氏于是取其中序例，汇成《志隅》二十篇，有单行本。《自叙》上说：前代三位顶尖的史学家，

144

郑樵有史识而没有史学，曾巩具史学而不具史法，刘知几得史法而不得史意。所以他要著《文史通义》，如果空讲理论而不能用这些理论去修史，人还不会相信，不过如果能读这二十篇《志隅》，举一反三，便可知道《通义》所说不是迂腐了，可见其自负的程度。《方志略例·卷一》录序例等十二篇，今将其与《永清县志》序例列后。

（三）《永清县志》二十五篇、《文征》四卷。乾隆四十二年（1777）周震荣知永清，请章氏主持修志，至乾隆四十四年脱稿。《方志略例》收有序例十五篇，与《和州志》相比，大同而小异，今列表于下，各篇下原有序例二字从略，不用序例二字的，分别注明，括以圆括号。

《和州志》	《永清县志》
皇言纪	皇言纪
	恩泽纪
官师表	职官表
选举表	选举表
氏族表	士族表
舆地图	舆地图
田赋书	
	建置图
	水道图

	六书（例议）
政略	政略
列传（总论）	列传
	列女列传
阙访列传	阙访列传
前志列传	前志列传
文征（叙录）	文征（叙例）

除《文征》自成一书外，凡十五门，两志共有的九门，《和州志》的田赋书，为《永清志》所无。而《永清志》恩泽记、建置图、水道图、《六书》、《列女列传》五门，为《和州志》所无。这一方面因为各地情形不同，史料多少有别，也可看出章氏不断修改其编纂方志的意见。

而《和州志·文征》分奏议、征述、论著、诗赋四目。《永清县志》则分奏议、征实、论说、诗赋、金石五目。

《天门县志》虽然最先修成，然今本已经他人篡改。《和州志》虽已残缺不全，然而可以看出章氏对方志发凡起例的功夫，后来虽不断修改，却也不少陈陈相因的地方。

《永清县志》是章氏所修方志中唯一完整无缺而有传本的一部书，知县周震荣，既是章氏的挚友，又全行放手让他去负责，没有掣肘，所以他修得最愉快。后来修《亳州志》时，虽已对《永清志》不满，有所修改，但《亳州志》已残，故《永清志》

应当是代表作。

（四）《亳州志》，清乾隆五十年开始，到次年修成。《文史通义·外篇》有《又与永清论文》，对《亳州志》很是自负，认为比和州、永清县两志要好很多，可以比得上《后汉书》和《三国志》，不但可看作是方志的开山之祖，也可作为史家的模板。

可惜《亳州志》今不传，仅在《方志略例》中存有人物表例议和掌故例议各三篇。读之可略知其体例的改变。人物表系仿《汉书》的古今人表。顾炎武曾说：史书而没有年表，列传就不得不多；列传多了，文字既繁冗而记事反易有遗漏。章氏则认为范晔、沈约、姚思廉、李延寿等所修的史书，为王公将相所立的传，篇幅也并不多。《唐书》《宋史》有了年表，列传反而更多，足见顾氏所说是知其一而不知其二。应该有人物表才能解决列传过多这一问题。

有了人物表，可以解决三个问题：一是前代帝王后妃，修志的人每每将之收入人物志，在体例上不妥。削去不载，又有阙典。今为人物表，就没有上述问题了。二是当地古人见于史册的，收入人物表，就不必再节录史传了。三是地方上有些人善行不足以写成传记载入史册，却又是志书中宜列入的，也不妨收入人物表。上述三项，都是近代志书的通病，有了人物表，就可以解决了。其中第二项，实是指《和州志》《永清县志》中前志列传的部分，到修《亳州志》，改用人物表，而方志收前代后妃，并不是章氏的本意，这一改变，多少有些妥协的成分。

（五）《湖北通志》，乾隆五十七年（1792）毕沅任湖广总督，请章氏负责，后来毕沅他调，受阻于陈燿，稿成而未能印行。《章氏遗书》中仅收有检存稿四卷及未成稿一卷。而从《方志略例·卷三》代毕沅撰《通志》的序文中，可看出其内容分四大部分：

《通志》七十四篇

二纪　　皇言纪、皇朝编年纪（附前代）。

三图　　方舆、沿革、水道。

五表　　职官、封建、选举、族望、人物。

六考　　府县、舆地、食货、水利、艺文、金石。

四政略　　经济、循迹、捍御、师儒。

五十三传　　序传、正史补遗传……艺术、列女、仙释、前志等传。

志序一篇，凡例三十四则。

《掌故》六十六篇

吏科　　官司员额、官司职掌、员缺繁简、吏典事宜。

户科　　赋役、仓庾、漕运、杂税等十九目。

礼科　　祀典、仪注、科场修例等十三目。

兵科　　将弁员额、各营兵丁、技艺额数等十二目。

刑科　　里甲、编甲图、囚粮衣食等六目。

工科　　城工、塘汛、江防、铜铁矿厂等十二目。

《文征》八集

甲集上、下　裒录正史列传。

乙集上、下　裒录经济策划。

丙集上、下　裒录词章诗赋。

丁集上、下　裒录近人诗词。

《丛谈》四卷

考据、轶事、琐语、异闻各一卷。

州县志书，因地方较小，材料收集较易，也易于征实。省志则必须多列细目，而结构已大体具于早年所修的《和州志》等。

章氏为毕沅拟的《湖北通志·序》和《与陈观民工部论史学书》，讨论到修志义例、修志的困难、文士撰文和史家之文的区别、自述作文的方法等，已分见前第二、三章。

第六节　前人所修方志的批评

《四库全书》在几千种方志中著录和存目的，一共只有三十六种，可说精挑细选，《提要》多加赞美，章氏专就义例方面，加以批评。

《武功志》三卷，明康海撰。

《提要》赞美道："《艺文》用吴郡志例，散附各条之下，以除冗滥。《官师》则善恶并著，以寓劝惩。王士禛谓其文简意赅，训词尔雅。石邦教称其义昭劝鉴，尤严而公。乡国之史，莫良于此，非溢美也。"

章学诚只称许其《官师志》"褒贬并施，尚为直道不泯，稍出于流俗"。而缺点则有：

（一）名胜古迹，沿采一些无用的诗文，和时俗修志，相去不远，不能算是高简，而是太芜秽了。

（二）列帝王于《人物》，列后妃于《列女》，名分混淆。

（三）共分七篇，而舆图不在篇次之内。

（四）苏氏《璇玑图》，不过一人文字，最多收入《列女传》，不当和舆图并列。

又如《朝邑县志》二卷，明韩邦清撰。

《提要》称赞道：古今志乘之简，没有比得过本书的。然而大纲细目，又包罗略备。一般方志，多夸耀其风土，《朝邑志》则能提其要，所以文字虽简略，但记事则没有遗漏，而且不会感到局促束缚。明代以来，关中的志书，以《朝邑》《武功》两志最有名。而《武功志》体例谨严，源出《汉书》。《朝邑志》的文字疏宕，源出《史记》。后来修志的，多取法康海的《武功志》，而本书就无人能学。天下不能没有这样一部好方志，但却也不能再有人修出第二部这样好的方志了。

《四库提要》对《朝邑志》可说推崇备至。但章氏则评其：

（一）总计不过六七千字，比《武功志》还要简。可是在总志《古迹门》中，抄入几首唐诗，显得芜杂。康、韩两人皆会作文章，而不解史学，一意求简，不可称为志，只可算一篇不用韵的朝邑赋罢了。

（二）程济从建文事，滥采野史，不考事实。

（三）并选举于《人物》，而举人进士不记登科年。

（四）韩邦靖讳其父，而使人读之茫然不知是谁，尊其母而使人读之不知是谁的妻、谁的母亲。

（五）不从俗分列门类，而标题下都称为篇，虽有些古意，然而《武功志》仅有几十页，不过一册，却要把七篇分为三卷，已不足为训，《朝邑志》只有十几页，还不够一册的，却也分七篇成两卷，更说不过去了。他们都自诩能有所创作，却连这些小地方也弄不明白古人的意思。

《吴郡志》五十卷，宋范成大撰。

《提要》述本书撰成到刊行时的曲折，汪泰亨所续体例淆乱不清。而推许范志"征引浩博"，而叙述简赅，为地志中之善本。

章氏则评为："其无当于方志专家、史官绳尺，不待言矣。其所以为世所称，则以石湖（即范成大）贤而有文，又贵显于当时。而剪裁笔削，虽无当于史法，亦视近日猥滥庸妄一流，固为矫出，得名亦不偶然也。然以是为方志之佳，则不确矣。"并分项指陈其得失：

（一）体制上详郡而略县，但不划一。

（二）沿革也有郡无县，致眉目不清。以平江路府冒吴郡之旧称，文指也不明。

（三）通体采用史书、诗文和说部编辑而成，并注出处于本条下。是编类书的方式，而不是著方志。

（四）《风俗门》多采用吴下诗话，偶尔也考订方音，固然是对的。不过像九老会、耆英会，只是当时偶尔举行的盛事，不当入风俗。

（五）《学校》在卷四，县记在卷三十七、三十八。所属各县的官府载在《县记》，而《学校门》兼记所辖各府县的学校。这样《吴郡志》还未出现各县的县名，倒先有各府县的学校名了。

（六）职官部分，有的体例不一，有的疏略。

（七）古迹和祠庙、宫宇、山川等相混，而把虎丘山别出于山之外，不知用类例牵连、详略互注的法子。

（八）人物的传记多是裁节史传而成，而不是新写，这也是类纂的方法。

（九）大族宜聚族为篇，一族之中，再分时代。范氏忽分忽合，时代也有颠倒的地方。或许范氏原本不是这样子的。

（十）释、道、方技，也是人物部门的支流，应当列在《人物门》之后，却夹杂了进士题名、宫观等十二卷。这样使得物典和人事，混杂不清。

（十一）《土产门》搜罗广博，证事也好，但干将莫邪等，难以尽信，则不宜入本类。

（十二）《奇事》一卷、《异闻》三卷，细看实在没有什么分别。考证虽疏略，却不至于浅陋。

（十三）诗赋杂文，既注在各类之下，又把无类可归的编成《杂咏》，所收的虽然还不错，总嫌漫漶不当。

（十四）近人修志，见识不足以把所有资料分门别类，却又贪奇好记琐事，就编成杂志或是余编。范氏也有杂志，其实所记的都可以分到各门类去，可惜他分析不精。

（十五）官名、地名、人的姓名字号，不守一定的法则，随笔乱填，这是宋人写诗话的歪风，不合修史作文的规矩。

（十六）文笔清简，编次也能雅洁。

综合以上十六条，褒少贬多。所指陈的阙失，都能就事论事，比《提要》切实多了。

《姑苏志》六十卷，明王鏊撰。《提要》称许说："首列沿革、守令、科第三表，自沿革分野以下，分为三十一门。而《人物门》中，又分子目十三，繁简得中，考核精当。在明人地志之中，犹为近古。"

章氏则批评说：

（一）名义不正，应称为《苏州府志》。

（二）郡邑沿革表中以府县为郡邑，其错误不消说了。又以州、国、郡、军、府、路分格。而苏州一地，吴国时没有苏州这一称呼，称苏州时又不称吴郡，称吴郡时又不称平江路府。那么按款排列就好了，而王氏纵横列表，忽上忽下，毫无义例可言。

（三）古守令表，以太守都尉的代理和本官分格，同一官位，既有本官就不需代理，既有代理就表示没有本官。断无同时互见的道理，也就没有必要列表。

（四）科第表分上中下，宜直行分列各州县，横行的则列乡试、会试的年代。而王氏又分举人、进士为两表。中进士的，必先中举人，王氏以进士居前，举人在后，就颠倒了。

（五）官署建制、亭台楼阁，所列前人序跋碑记，不妨依照原文。可是叙述创建重修，一篇之中，忽称为州，或称为郡，看得出是依照范成大《吴郡志》的原文，但却不知范志实不足取法。

（六）方志中山川田赋等是典章制度，宦迹人物是传述。而如《苏志》有《平乱》一门，是纪事本末体。如果全志都用纪事本末体，也未尝不可，只是要精于史例的人才能胜任。

章氏深知郡县志乘，古今少有修得好的，故像范、王两志，虽然从史家的眼光来看并不足取，但在流俗的志书中，还算可以的。而世人盛称这两种志书好，便不得不辨。因而章氏有文人不可修志的感慨。

《四库》未收的方志，《方志略例》卷三加以批评的有三种。

《滦志》四卷，明陈士元撰。

（一）矫诬迂怪，颇染明代中叶不读书而好奇的习气。

（二）世编用编年体，仿《春秋》笔法，荒诞不经。

（三）世编分三目：前代、我朝、中兴。我朝终于嘉靖二十八年（1549），中兴始于次年，读之不得其解。

（四）凡没有科举功名的儒者和能文之士，未经政府表扬的节孝妇人、贞淑女子，都未入志。

（五）康熙年间侯绍岐续补《滦志》，把明代的进士和知州，列于清天命年号之下，却又未注明朝字样加以区别。

（六）滦是水名，滦州由水得名，不称滦州志而仅称《滦志》，会使人误会成《滦水志》。

《灵寿县志》十卷，清陆陇其撰。

（一）全书多很简略，而田赋独详，可说知道重点所在。叙例中都强调：灵寿县地瘠民贫，做官的不可轻易变更法令规章，为自己聚敛财富。民众不可以奢侈的生活相夸，更是仁人之言。篇末本县应兴应革事宜，对上级有所陈述，都切实有用。

（二）篇首《地理门》，附有方音，这还可以，又附有纪事，就错了。纪事应该编年，相当于正史的本纪。这就好比《舜典》不可附于《禹贡》，本纪不可附于地理志。

（三）《建置门》删去坊表，说是所重在人，不在于坊。那么重孔子的人也可以借这个原因把阙里删掉。这是说不通的！坊表所重在人，犹如学校所重在传道、官府所重在施政、城池所重在防卫，虽有所重，但却也不能偏废另一方。

（四）本志删去寺观，欲借以辟邪说，崇正道。但《春秋经》对不当做而做的事，也详记而示鉴戒。如果不记，后人又怎能知道是邪说呢？况且寺观之中，有金石资料可考逸文和古事。僧道之官，也是国家制度之一，他们也做一些公益之事，并不为害政治。

（五）官师选举，只记清代部分，说是取法明代的旧志。殊不知旧志因为不能博考元以前部分，极其浅陋，并没有模仿的价值。

（六）前代帝王后妃，只当记其出处，不应记入《人物门》。

（七）像灵寿这样荒僻的小县，前人的史传文集，也不容易都找到，方志中不当删去，而陆陇其却和傅维云强辩说应当删去。

（八）陆氏是理学名儒，他的为人很受人尊重，其仁民爱物的本意更足取法，但他对史学认识不深却也是个事实。故如果把《灵寿县志》和他的为人看得一般重，说是可以做方志的模板，那就是耳食之言了。

《姑熟备考》八卷，明夏之符撰。

（一）郡纪三卷，是编年体，采取资料，有的标出处，有的不标，为例不一。

（二）不明古书文理，误解《汉书》体例。

（三）引《史记》和《左传》正义中图经，而不标出原引的书，而仅称图经，好像他曾看到这些书，又好像图经是当时现行的制度，这些都是不恰当的。

（四）模仿《春秋》书法，可是记大事有的很琐细，而细节又有的地方过于简陋。

（五）生长在清代而称春秋时的吴为我，已不合情理，可是对西汉和三国时的吴，反而不称我。又把孙吴时的事隶在蜀汉下且不标明，不合古人文理。

（六）对宋明两代知府知县的记载方式有些怪诞。

（七）人物列传，论用散文，赞用韵文，好像仿照《后汉书》。而有的注出处，有的不注，没有定例。

章氏所评，未必全对，故近人讨论方志学的著述，如傅振伦的《中国方志学通论》、李泰棻的《方志学》等，便常加以反驳，而余嘉锡对章氏的学术，更有讥评，不过，《四库提要辨证》对章氏评前人所修方志的说法，未曾引用一字，可说恶而不知其美了。

第七节　结语

说到地方文献，如今要做的工作比以前多得多。由文字更要推广到实物，以至声音、动态。笔者认为今后修志至少要顾及如下诸点：

（一）地方上的历史文物，小件的设立博物馆，大件如碑刻等，当善为保存，并拓印或摄影，建筑物也当善加维护。

（二）各地的方言、戏曲等，除记录外，还应予录音保存，演奏或表演时，也应录像。

（三）地方性的技艺，表演或操作的过程，除详加记述外，还应录像保存。所采用的道具，把原件或复制品交博物馆保管。

（四）地方上的特产，除制成标本由博物馆保管外，还应将其生态、制作过程，详加记述，如有需要，还应加以录像。

（五）民间习俗，小区活动，加以记述，并录音和录像。

（六）以上各项，可以编印成地方性的专门志书，如某地《物产志》《风俗志》《方言志》等。而另行摘其要点，编入方志。如篇幅不多，径以文字和图片编入方志。

至于雨量、气温、山川河流等测绘资料，近人已多论到，不赘述。

第五章

搜集资料的方法

章学诚编撰了很多书，其中最重要的，首推《史籍考》，可惜未能完成，连已成的部分也未见流传。

清乾隆五十三年（1788）春，毕沅审视章氏的《论修〈史籍考〉要略》后，同意开局编纂，由章氏主理其事。然仅在归德文正书院教课之余编著，且缺乏图书参考。这年秋天，毕沅调职湖广，编著工作停顿。

乾隆五十五年至五十九年（1790—1794），章氏再依毕沅于武昌，重修《史籍考》。但有时助毕沅编著方志等，未能专心从事。

嘉庆二年（1797）冬，就谢启昆之聘，再修《史籍考》。约在次年春，撰《史考释例》一文。而谢启昆以章氏与其友辈袁枚、孙星衍等皆不合，遂遭杯葛。

嘉庆六年（1801）章学诚卒，次年谢启昆也卒于官。

《史籍考》虽未成，残稿也不传。可是就今存的《论修〈史籍考〉要略》《史考释例》和《史籍考》目录，还可以看出章氏搜集资料、整理史料的方法及门类的分合等，可供后人纂修《史籍考》的参考。而最值得注意的，便是《史籍考》的规模，兼收经、子、集中有关于史的部分，上辑古史的逸文，旁及他人不注意的方志和谱牒。（如《四库全书总目》）。而对各类资料的选取和处理的方法也有所别。举一反三，这些原则也可用以收集其他学术的资料。今《论修〈史籍考〉要略》，分别简述于后。

第一节　采辑亡佚的史料

《要略》第一项是"古逸宜存"：

> 史之部次后于经，而史之源起实先于经，周官外史掌三皇五
> 帝之书，仓颉尝为黄帝之史，则经名未立而先有史矣。后世著录，
> 唯以《史》《汉》为首，则《尚书》《春秋》尊为经训故也。今作
> 《史考》，宜是原委。凡六经、《左》、《国》、周秦诸子所引古史逸
> 文，如《左传》所称军志、周志，《大戴》所称丹书、青史之类，
> 略仿《玉海·艺文》之意，首标古逸一门，以讨其源。

这是辑先秦的逸史，其实先秦史料很少，不但逸史要辑，也不妨
兼辑佚子，诸子号称百家，《汉书·艺文志》仅有十家。梁启超
《要籍解题及其读法》中论读《孟子》法说：

> 孟子辟异端，我辈不必随声附和，然可从书中发现许多"异
> 端"的学说，例如杨朱、许行、宋牼、陈仲子、子莫、白圭、告

子、淳于髡等，其书皆不传，且有并姓名亦不见于他书者，从《孟子》书中将其撷拾研究，便是古代学术史绝好材料。

其实不仅《孟子》，很多子书中都或多或少保存一些连姓名都不见于他书的诸子学说，除诸子学说外，还有他们的生平事迹，这些资料是古代社会史的绝好材料。用诸子考史，前人也曾做过，但却缺乏全面性。钱穆先生的《先秦诸子系年》，便旨在以诸子来考战国史，可补《战国策》《史记》的不足。这方面的工作，还有可继续做的部分。

又如清沈德潜的《古诗源》、严可均的《全上古三代秦汉三国六朝文》，虽信疑参半（其实古史又何尝不如此），也可供考史之用。

《要略》的第四条是"逸篇宜采"：

> 古逸之史，已详首条。若两汉以下至于隋代，史氏家学，尚未尽泯。亡逸之史，载在传志，崖略尚有可考。其遗篇逸句，敷见群书称引，亦可宝贵。自隋以前，古书存者无多，耳目易于周遍，可仿王伯厚氏探辑郑氏《易》《书》《三家诗训》之例，备录本书之下，亦朱竹垞氏采录纬候逸文之成法也。此于史学所补，实非浅鲜。

同是辑佚，章氏分做两部分，一是先秦，一是两汉到隋。大致因为先秦的史料太少，所以如此。而他所说的"自隋以前，古书存者无多，耳目易于周遍"，实是缺少经验的说法。清人马国翰等，以毕生的工夫，专事辑佚，耳目也未能周遍。何况由编史籍考附带去做，实在难于兼顾。朱彝尊的《经义考》中采录纬候逸文，则以这一门类可辑的资料既少，而可供以搜辑的资料也不多，是一件费力不多的工作。如果要遍辑两汉到隋的逸史，就不那么容易了。

还有唐以后的逸史也不少，也不能说不重要，又当如何处理呢？关于这一点章氏未有说明。

总之，辑佚是专门工作，宜另有专人去做，编史籍考的人加以利用就好了。可是在章氏时辑佚工作做得还不多，缺少现成的成果可以利用。他能看出王应麟、朱彝尊等辑佚的成就与贡献，用于编《史籍考》，这份见识和重视资料的用心，还是值得后人钦佩的。

第二节　经部中的史料

章氏主"六经皆史"之说，所以可说把经史看作一回事，可是其间仍然有些分别。《要略》第六项是"经部宜通"，他说：

古无经、史之别，六艺皆掌之史官，不特《尚书》与《春秋》也。今六艺以圣训而尊，初非以其体用不入史也。而经部之所以浩繁，则因训诂、解义、音训而多。若六艺本书，即是诸史根源，岂可离哉？今如易部之《乾坤凿度》，书部之《逸周诸解》，《春秋》之《外传》《后语》，韩氏诗《传》，戴氏记《礼》，俱与古昔史记相为出入。虽云已入朱氏《经考》，不能不于《史考》溯其渊源，乃使人晓然于殊途同归之义。然彼详此略，彼全此偏，主宾轻重，又自有权衡也。

群经的注疏，不尽是训诂、解义和音训，其中征引了不少史籍，且不乏逸史，尤其应为注意。（按：这一段提到的详略全偏，主宾轻重，可供采用互著法的参考。）

第三节　子部中的史料

《要略》第七项"子部宜择"说：

> 诸子之书，多与史部相为表里。如周官典法，多见于《管子》
> 《吕览》。列国琐事，多见于《晏子》《韩非》。若使钩章鉥句，附
> 会史裁，固非作书体要。但如《官图》《月令》《地图》诸篇之鸿
> 文巨典，《储说》《谏篇》之排列记载，实于史部例有专门，自宜
> 择取要删，入于篇次，乃使求史事者无遗憾矣。

钱穆先生用诸子考史，已见前文。章氏在这一项论说到《晏子》
《管子》《韩非》《吕览》等四子，很不够周遍。

秦汉以后，因有很多史传流传下来，故用秦汉以后的子书以
考史的重要性，便远不如先秦。可是子部之中，仍不乏史料可资
利用，而且子史之间，有些类也不容易分得清楚，宋郑樵《校雠
略编次之讹论》说：

《月令》乃礼家之一类，以其书之多，故为专类，不知《四库书目》如何见于礼类，又见于兵家，又见于农家，又见于月鉴。按此宜在岁时。

岁时在史部，其中多是风俗民情的史料。礼类在经部，兵、农二家则在子部。这未必是编次之讹，而是彼此多少有可以互著的关系，郑樵说古今有五种书籍极难分类，"一曰传记，二曰杂家，三曰小说，四曰杂史，五曰故事。凡此五类之书，足相紊乱。又如文史与诗话亦能相滥。"

章学诚在《校雠通义·互著》篇中引用郑樵的说法并予承认，而且认为不止五种书"不能分"，以下各类，也相互出入。

若就书之易淆者言之：经部易家，与子部之五行阴阳家相出入；乐家与集部之乐府、子部之艺术相出入。小学家之书法，与金石法帖相出入。史部之职官，与故事相出入。谱牒与传记相出入。故事与集部之诏诰奏议相出入。集部之词曲，与史部之小说相出入。子部之儒家，与经部之经解相出入。史部之食货，与子部之农家相出入。

这一段只有食货和农家是子史互通的，其他史集互通的，留待下一项集部宜裁再讨论。

至于笔记小说，涵盖的内容很笼统。大致在四部分类法中，以分入杂史、故事、小说、杂家为多，也有分入传记或诗文评类的。笔记小说中包含了不少野史，并混杂了各式各样的资料。章氏的《史考释例》最后一个门目，便是小说，他说：

> 小说始于《汉志》，今存什一，而委巷丛脞之书，大雅所不屑道，《续文献通考》载元人《水浒演义》，未为无意，而通人鄙之，以此诸家著录多不收稗乘也，今亦取其前人所著录而差近雅驯者，分为琐语、异闻两目，以示不废刍荛之意。

这里所说的《续文献通考》，是指明人王圻所修的，其《经籍考》中收有《水浒》等。近人研究小说，所费的工夫之大，所用的方法之精密，比得上清人研究群经、诸子，并因此而成为"显学"。所以王圻的《续文献通考》，无论是其材料的收集、考订，还是编排，都不足道，但他收了《水浒》等说部，便受近人称道。但在章氏那一时代，这不仅为"通人鄙之"，甚且认为这是诲盗诲淫，将其看作洪水猛兽。而章氏却独具慧眼许为"未为无意"，这一见识，实在是了不起，值得推崇。

《史籍考》总目中，最后一部便是小说，计"琐语"二卷、"异闻"四卷，在三百二十五卷中，虽不足百分之二，然而除"制书"二卷不论外，史学部也仅有"考订"、"义例"、"评论"、"蒙求"各一卷而已。

不过笔记小说中的史料，十分零星散乱，而且夹杂了很多没有史料价值的部分。所记又信疑参半，很需要一番披沙淘金的考订工夫。

整理小说中史料的工作近人已开始做了。日本京都大学东洋史研究会，编有《中国随笔索引》，收唐到民初的笔记小说一百六十种，把每一则都给以一个标题，再以这些标题中所有的人名、地名、重要事物等，按日文假名音顺排列，另附中文笔画索引。后来佐伯富又补收四十六种，编成《中国随笔杂著索引》，体例和前书相近，唯以重要事项为主，比前书更为精密详尽。利用这一类索引，就比没有索引要方便得多，不过索引按词汇的字顺排列，如果需要某一类的资料，找起来还是要费些周章。

清人传下的一些杂钞、杂纂之属，如《清稗类钞》《宋稗类钞》，分门别类，又是这些索引所不及的。还有专钞某一类的，如丁传靖的《宋人逸事汇编》，不仅可补宋代史传的未备，而且可和史传中已有的资料相参证，就更便于查阅。

不过这一类钞辑的资料，都经钞辑者选择过，而不是有见必录。所以如果某一书是根据一百种资料抄辑出来的，可是每一种资料，他却不一定全部采用。所以我们利用这部书时，对他所据的一百种资料，并不能充分利用到。要想没有遗漏，仍得把这些资料从头到尾找一遍。这就是历代所编类书的缺点。

新近台静农先生主编的《百种诗话类编》，从形式上来说也是类书。可是对所收的一百又一种诗话的所有资料，全行编入，连各诗话的序跋，也都收入。这样利用起来，就可不必再查原书，便能找到所有的资料了。王国昭先生又仿照这一方式去编成《六十一种词话类编》。诗话和笔记小说，两本书在形式上很相近。如果有人采用这一方式去整理历代的笔记小说，不仅对治历史的人有用，对其他学科也一样有用。因为笔记小说的共同特点便是内容很杂，什么样的材料都会有。

从编《史籍考》而知道搜集小说，固然是章氏的卓识，不过却并不是他的创见。《四库全书总目·史部总序》说：

（司马）光作《通鉴》，一事用三四出处纂成，用杂史诸书凡二百二十二家……今观其书，如淖方成祸水之语，则采及《飞燕外传》；张象冰山之语，则采及《开元天宝遗事》。并小说亦不遗之。然则古来著录，于正史之外，兼收博采，列目分编，其必有故矣……然则史部诸书，自鄙倍冗杂，灼然无可采录外，其有裨于正史者，固均宜择而存之矣。

由此可见，连以卫道相标榜的《四库全书总目》，也兼收并采。司马光修《通鉴》，不但采用了大量的杂史，而且连小说也不遗弃。章氏修《史籍考》时，《四库总目》通行已久，而且《史籍考》正是从摘录《总目提要》着手，这段序文他一定看到过。不过《四库总目》是把小说列入子部，章氏则收入史部的专科书目。

第四节　文集中的史料

《要略》第八项"集部宜裁"说：

> 汉魏六朝史学，必取专门文人之集，不过铭、箴、颂、诔、诗、赋、画、表、文檄诸作而已。唐人文集，间有记事，盖史学至唐而尽失也。及宋元以来，文人之集，传记渐多，史学文才，混而为一。于是古人专门之业，不可问矣。然人之聪明智力，必有所近，耳闻目见，备急应求，则有传记志状之撰，书事记述之文，其所取用，反较古人文集，征实为多。此乃史裁本体，因无专门家学，失陷文集之中，亦可惜也。是宜取其连篇累卷入史例者，分别登书，此亦朱氏取《洪范五行》传于曾、王文集之故事也。

"文人之集，传记渐多，史学文才，混而为一。"这也是无可奈何的事，像章学诚的文集中，传记便不少。时移势易，也正如四部不能通于《七略》。

《清代文集篇目分类索引》一书，先按四部分，史部有传记类，专搜集讨论传记的文字。至于传记文本身，则另收入乙编。在此编中，正式的碑传和广义的传记，如箴、颂、诔、哀词等，约略相当。整个看来传记资料的篇数已和四部中"史"的部分相埒。而四部中"史"部又较经、子、集为多，且经、子、集三部中仍不乏有关历史的文献。故以清代文集为例，史料可说占了其全部内容的三分之二，近年所编的宋、元、明三代传记资料索引，便主要利用文集，比哈佛燕京学社利用史乘所编成的各朝传记资料引得还要有用得多。

文集中的传记资料既多，编索引之外，还有汇成传记的总编，如明代有焦竑的《国朝献征录》，清代有钱仪吉的《碑传集》、缪荃孙的《续碑传集》、闵尔昌的《碑传集补》等。

要掌握文集中的传记资料，要从这些汇传和索引着手，才能事半功倍。但章氏意在选择，所以说"取其连篇累卷入于史例者，分别登书"。这可以有两种做法，一是只取那些所收传记合于史裁的文集，才予以登书。编史籍考固然要能不遗漏重要的资料，可是对于没有什么价值的资料（不能入于史例），也不宜滥收。然而同一个人的文集之中，所收的传记，也难免有高下，有些可入于史例，有些则不可，又当如何？大致如《碑传集》等，经过编者选择，多能维持一定的水平，不过遗珠也多。第二种做法是索引式的。编索引则不甚选择，珠沙并陈，然对所收编的文集中的传记资料，则删除不多。对于这两种法子，宜就需要情形，加以选择，或参互使用。

第五节　史部中数量特多的资料

史籍考固然要广为搜罗，采及经、子、集三部。然而也要选择，尤其是数量庞大、内容良莠不齐的方志和谱牒。

一、方志

《要略》第九项"方志宜选"说：

既作《史考》，凡关史学之书，自宜巨细无遗，备登于录矣。乃有不得不去取者，府州县志是也。其书计数盈千，又兼新旧杂糅，不下三千余种，而浅俗不典，迂谬可怪，油俚不根、猥劣可憎者，殆过半焉。若胥吏簿书、经生策括，犹足称为彼善于此者矣。是以言及方志，搢绅先生每难言之。又其书散在天下，非一时人力所能汇聚。是宜仅就见闻所及，有可取者稍为叙述，无可取考仅著名目，不及见着亦无庸过为搜寻，后人亦得以量其所不及也。

章氏估计自古至今的新旧方志不下三千余种，大致不差，如今则不下七千种。一因近两百年，又新修了不少。再则近代图书，多归公藏，调查访求，比以前容易得多。

三千多种，已需慎加别择。七千多种，选优去劣，则更为不易。章氏将其分为两类处理：（一）有可取的，稍加介绍；（二）无可取的，仅记名目。不过章氏是仅就见闻所达到的为限，不易找到的也就不找了。所以史籍总目地理部，方志仅占十六卷。如果以一半篇幅记简目，一半写提要，每一卷容五十种，也可得四百种。方志中略具史裁，值得稍微叙述的，大致也不过这么多。

为方志写提要，看似容易，其实困难。《四库全书总目》地理类都会郡县之属，仅收方志四十八部，其中清代官修的各省通志，便有二十二种，宋元旧志十九种。明人所修方志仅有六种，另一种是顾炎武的《历代帝王宅京记》，选择可说极严。《提要》中对明人所修的几种，是推崇备至。可是对康海的《武功志》、韩邦靖的《朝邑志》、王鏊的《姑苏志》，以至宋范成大的《吴郡志》，都严加批评（已见前方志章），可惜《史籍考》既不传，而章氏评方志的文字，不到十篇，非常可惜，不然一定可以给我们留下一个撰写方志提要的典范。不至于像日本人主编的《续修四库提要》，滥收了百余种方志，内容抄袭雷同，徒然浪费篇幅。

如今关于今存的方志，有朱士嘉的《中国地方志综录》，收国内外收藏方志七千四百一十三种，按清代行政区划省、府、州、厅、县的次序排列，每书注明书名、卷数、纂修人、纂修时间、板本、收藏者、备考等，对稀见珍本，并特予注明。这一编辑方式，比章氏要周详得多。如有人修史籍考，可以不必再在这方面费心了。至于择优撰写提要，则因数量太多，其困难也增加。

近人对方志资料的整理和利用，在抗战前有商务印书馆选印了《湖广通志》约十种，后面均附有索引，以便检查。可惜因倭寇侵略，而未竟全功。不然由省志而府、州、县志，都附有索引，查起来就方便多了。

"中研院"傅斯年图书馆收藏方志一千多种，据说王宝先先生在生前编有人名索引，可惜还未编成便去世了。宋元两代所修方志，至今仍有传本的不多，朱士嘉有《宋元方志传记索引》，根据三十三种方志编成，共收录三千九百四十九人，除人物以外，职官、选举、杂录、拾遗诸门，间附传记的也收录。每人列姓名、字号、所见方志、卷页等，甚便检查。

明代方志今存约千种，一般说来，卷帙不多，也许可仿朱士嘉的方式编索引。不过分散各地，搜集不易，港台地区所藏，约有半数。王德毅先生重编《明人传记资料索引》，便收些方志中的资料。

清代的就太多了，不下五千种，收藏者更为分散，只能先编省志的索引，或是分省来编，比较容易些。清人所修方志多能充分利用旧志，也最有用。

其实方志中的所有资料，传记固然占大部分，其他有用的资料也不少。而各种方志所含的门目，也颇有出入。笔者认为想达到充分利用方志修史的目的，先要知道各种方志的内容，那么得做一个表，把各志中是否有金石、艺文、寺庙、氏族、风俗、物产、方言等门类，做一调查。其中金石和艺文，是该地文献较原始的资料。寺庙、风俗和物产，为国史所不能详载，而在今天却很有用。方言则方志中少有记载，如有便很值得重视。每一门类记其卷数，页数不多的，则记其页数。如能训练一批对这些门目有相当认识的填表人，就其材料的收集、考订是否精确，叙述是否有条理，写很简要的评语，就更为有用。至于一般方志都有的，如建制、沿革、选举、职官、人物等，反不必记，以省篇幅，以节人力。

然后把同一门目，汇集来整理利用。譬如艺文，不妨先将各省通志中的这一门目，汇集起来，如能印行，固然很好，不然也可用复印的方式，编成各省通志的艺文志。一省的新旧志有多种的，先看新志是否能包容旧志，如对旧志有所省并，察其是否剪裁得宜，而加以考订，以仅收新志为原则。

这样的汇编，可以和历代正史中的艺文志相参证。而且正史中有艺文或经籍志的，仅汉、隋、唐、宋、明等五朝六种。《明志》断代成编，不收前朝人著述，《清史稿·艺文志》仿《明志》。其他各朝，虽然后人有补志之作，然总不如各地修志时采集比较容易。不过我们也要注意到：方志的资料，易流于浮滥，不如国史精核，必须严加考订才能使用。

历代史志是依朝代，也就是时间编成的，而方志的艺文志是依区域编成的。一纵一横，正可以相互参证。如果能把各省通志的艺文志，编一综合的人名和书名索引，查起来就更方便了，而且多是国史所未详，更能发挥方志的功用。其他门类的资料，也可仿照这一方式处理。

不过这一工程，规模太大，不是修史籍考所能附带做的。宜先有人单独做，再把成果提供给修史籍考的人采用。

方志中的资料极为丰富，利用的人却不多。又因多失于浮滥，浮则不实，滥则不应收的也收，利用起来便很不容易。所以如何加以选择、整理，实待有志之士的努力。

章氏论方志，重在修志义例，所以对方志的评论，很是严苛，对修志自然有指导的功用。可是《史籍考》则旨在征集文献，故虽是在义例上不合章氏要求的，也不轻言遗弃，对付这样庞大的资料就得有一套执简御繁的方法了。

二、族谱

《要略》的第十项是"谱牒宜略"：

方志在官之书，犹多庸劣。家谱私门之记，其弊较之方志，殆又甚焉。古者谱牒掌于官，而后世人自为书，不复领于郎令史故也。其征求之难，甚于方志，是亦不可得而强索者矣。惟于统谱类谱，汇合为编；而专家之谱，但取一时理法名家，世宦巨族，力之所能及者，以次列之。仍著所以不能遍及之故，以待后人之别择可耳。

这一段文字有三层意思：（一）家谱之庸劣及其原因；（二）家谱征集的困难；（三）取舍的原则。这些都是章氏从经验中获致的心得之言。

我国家谱的数量，超过方志。近年统计台湾地区的族姓，已约四千，那么综计全国，一定还要多。虽然有些姓不一定编过族谱，可是分布在各地区的很多大姓往往分别编成族谱，而过了一段时间，又再分别续修。估计历代各地各族姓所修的，当以万计。

可是隋唐以后，谱乘不上于官，也就没有人去留意收集。而且各族家谱的保存，往往分别编号，持有人不得将之流入他姓之手。每过一段时间，还要检查，遗失的要受处分。所以章氏深感："征求之难，甚于方志，是亦不可得而强索者矣。"

听一位前辈说，他做过多年的县长和民政局局长，任内常参与一些族姓的庆典活动，便乘机请族中的开明人士设法找一部族谱。这不免强人所难，然知道他志在搜集保存，故也常能达到目的，二十多年间也搜集到几百种。外国的图书馆有很丰硕的收藏，如日本的京都大学、美国哥伦比亚大学和盐湖城的谱系学会，都有千种左右的收藏量，真是礼失而求诸野了！据云国学文献馆已把这些流失海外的谱牒，摄成微卷，由该馆典藏，并请人编目整理，打算选一些具有史裁的序跋、凡例，编印出来，以供修谱者的参考，学术界人士利用，从而引起国人的注意。

征集族谱，固然不易，数量太多，别择也很困难。其实理法名家、世宦巨族的文献，在其他史乘中，比较容易得到，不一定要假借于族谱。如果这些族谱，因为名家巨族，留意此道，而能请到通人纂修，具有史裁，自当别论。

族谱中的资料，不仅是世系和人物，还包含极丰富且有价值的社会史料，且举几事为例：

我国的传记资料虽极丰富，然很少有记载生卒年的，虽然章学诚和钱大昕等已留意搜集，近人如姜亮夫也有《历代名人里碑传总表》、陈乃乾有《清代碑传文通检》（世界书局翻印本改名《清人别集千种碑传文引得及碑传主年里谱》），都是以记述人物生卒年为主。若干传记资料索引，也尽可能地查出传主的生卒年，不过所得还是有限。而且史乘所记的生卒年，正确性常有问题，因为国人每因考试、婚姻、就业、兵役而改动。

正确性高的生卒年记录不在史乘，而在：（一）订婚时的庚帖，因为要合八字，不能有误；（二）死后的神主，慎终追远，自然不容有误；（三）家谱，修谱是族中大事，尤其是名人，由族中调查容易，且年代相去不远，自然正确。可是庚帖保存不会长久，而且只有生年。神主通常也只保存几代，事实上也不可能把神主拆开了查看。那么家谱便最便于利用了。搜集各人生卒年资料的，似乎还没有利用到家谱的（当然有些家族谱，并不载生卒年）。

20 世纪 20 年代黄河决口，冲出了不少北魏的墓碑，喜好书法的人得到了大批临摹的范本。梁启超则认为利用其中的生卒年，可作当时人年龄的统计。各地的族姓分布和流动的情形，可以考见氏族的迁徙。其实墓碑的材料很有限，远不如族谱的资料多。

而我国的社会结构，是由家族而宗族，再结合为国族。家族或宗族中每设有家塾以教化子弟。公产以供祭祀、赈济、兴公益等使用。这些章则，常载于家谱。又族中常有规约，族中有大事，或子弟有重大过失，常开祠堂依族规评理，或动家法。这种协调、吓阻以至惩戒的功效，每比国家的法令还高，而家谱便是这些家族和宗族的历史，其功用既大又广，但章氏只注意到统谱类谱和名家巨族，是不够的。当然他所见到的不多，自然不能想到如何充分利用。如今族谱太多，也宜有专人整理考订，一如方志，把结论供有志修史籍考的人参考。

第六节　史料中的序论题跋

《要略》的第三项是"剪裁宜法"。"一书之中，但取精要数语"，"其序论题跋，文辞浮泛与意义复沓者，概从删削"，说已见前。不过这是就撰写成稿而说的，至于搜辑资料，便多多益善。《要略》的最后一项"采摭宜详"说：

> 现有之书，抄录叙目凡例；亡逸之书，搜剔群书纪载，以及闻见所及。理宜先作长编，序跋评论之类，抄录不厌其详，长编既定，及至纂辑之时，删繁就简，考订易于为力。仍照朱氏《经考》之例，分别存、轶、阙与未见四门，以见征信。

剪裁宜法是撰写提要的原则，而撰提要所据的材料，则采摭宜详。章氏的方法，比朱彝尊的《经义考》还要广。朱氏只选择性抄录序跋，章氏则兼及叙目凡例。亡佚之书，朱氏仅辑纬书的佚文，章氏则普遍地搜剔群书记载，再加上见闻所及。

至于朱氏记载存佚的方法，还不够周全。今加以补充，略述于下：

（一）今存的书，宜略记板本。同一书而板本很多的，不必备载，而择其未经删节的足本，精校精注之本，又以通行本为主。如传本甚少，仅有稿本、抄本，或宋元刊本传世的，并宜记其收藏处所。章氏要略，固有板本宜详一项。

（二）亡佚的书，不必在史籍考中加以辑佚，因辑佚工作，很是烦琐，是一项宜于专门从事的工作。不过宜稍加考订各书大约是在什么时候亡佚的。

（三）亡佚而有辑本的，也宜加以说明。仅《四库全书》著录部分，便有几百种，其中一部分且以木活字排印为武英殿聚珍本丛书，如连存目，已逾千种，其他公私辑本，到章氏时又已不少。近两百年，所辑尤多。有些书的辑本，完整性很接近全本，如陈振孙的《直斋书录解题》。多数则只存一鳞半爪，不过也聊胜于无。一书有多家辑本的，可加以比较。有些辑本，每有些说明文字，很有资于考订，不妨也当作序跋评论，择优抄录。

（四）残缺不全的书，应注明所缺的卷次和共计缺了多少卷。残缺的书有三种情形，一是原来就不全，如《经义考》的卷二六八、二九九、三〇〇等三卷，朱彝尊还未写成就去世了，这是原缺的。宋《大诏令集》原有二百四十卷，可是如今所传的抄本，只剩一百五十三卷，这是后来缺少而再也找不到的。有些宋元旧本或是抄本，所存不全，可是有较晚刊抄的足本，这又是一种情形，都应分别注明。

（五）未见，是指书的现存或亡佚在疑似之间，而不能确定。如《旧五代史》，从欧阳修的《五代史记》问世后，宋人便少采用旧史，以至失传，到清乾隆时只得从《永乐大典》中辑出，自不免有些残缺的地方，顺序也难以恢复旧观。商务印书馆辑印百衲本《二十四史》，访知此书还有金人刊本，以该馆和主持人张元济氏的声誉，多方访求，始终未能找到，不得已仍用大典本。五十年前，全刊曾在香港出现，后又不知下落。像这种情形，可说是未见，宜稍加说明。

采摭在搜集材料，多多益善。而存亡的记载，贵在简明，夹在抄录宜详的资料中，读者不易注意到，所以朱彝尊紧接着书名，便记其存亡。所以最好在第三项"剪裁宜法"中讨论。

第七节　余论

我国的伪书颇多，伪书影响到学术研究的正确性，宜加考辨，而章氏却鲜加论述。如今辨伪的专书，如张心澄的《伪书通考》，郑良树的《续伪书通考》，所辨达千余种，所以撰写提要时，对这些书中已讨论过的，可仅记其结论，或简述其证据。至于前人未曾注意到，或虽经他人辨伪，自其结论有错误的，仍宜稍加考订。所以《要略》应增加真伪宜辨一项。

辨伪固以经、子两部较多，然而章氏的《史籍考》，所收兼采经、子、集三部，加上史部的伪书，辨伪工作也就不容忽视了。

章氏在图书资料之外，也注重非书资料、口头和实地考察的资料，特别是在修方志时。

（一）修方志时，他很注重公文档案，在《方志立三书议》中，主张地方政府的各单位，应该把公文档案，摘录其主旨，由负责修志单位保存副本。这样既可以供修志时采择，又能长久保存档案，以昭公信，解决一些纷争。

（二）修方志时，设柜以供民间投送行状碑传。

（三）章氏自叹，在修《亳州志》时，因为地域广远，又急着到湖北去，所以四乡的名胜古迹，都未能一一游历，那些仍活在世上的节妇，亦不能一一去访问，故当面询问孀居守节的情形，就不如修《永清县志》时做得那么周全了。足见他修《永清县志》在实地考察和口头访问所下的功夫了。

不过这些收集资料的方法，章氏都没有较详细的说明，而且也不太通用于纂修国史，所以不加以申述。

至于近代修史，除了文字资料外，更注意到口头访问、多方面调查、到处实地考察，以至挖掘。古代或各地的实物，以至建筑。有如傅斯年先生所说的：上穷碧落下黄泉，动手动脚找东西。实物等不便于写进史书的，便摄成图片。对于保存历史文物，除原件外，还可以复制、录像，方法就周密多了，这些自然不是章氏那一时代所能想得到的，也就不多说了。

第六章

整理资料的方法

收集资料，原则上是多多益善，但庞杂的资料，如果不善为整理，运用起来会感到很不方便。不但检查时会耗费很多时间，有时在所搜集到的资料中，明明有自己所需要的部分，但仍找不到，或是只找到一部分。

要想能确实而充分地控制资料、运用资料，最常用的方法，是编制书目、类书和索引。

类书是由割裂群书编成的，章氏很少提到。至于书目，章氏既编得多，而且富有创见，他提出的采用"互著"和"别裁"两种方式，以扩大采用单一分类的传统书目的功效，很受后人注意，从而渐渐予以采用。至于索引，章氏在理论和实用两方面都有贡献，近年受西方影响，编得既多，理论和方法上，都不断有改进。

第一节　互著

　　互著是相互著于录的省称。意思是：如果一部书的内容，牵涉两类以至两类以上，那么在分类时，就在所牵涉的各类中，都收录这部书。譬如《文史通义》，既讨论到史学，也讨论到文学。于是在史部的史评类和集部的诗文评类，都收有《文史通义》。这就是互著。

　　一般的分类原则，是一部书只分入一类。遇到《文史通义》这一类的书，处理的方式是：这书内容涉及史评和诗文评两类，可是论史的部分比论文的部分多，而且重要，便只分入史评类。然而《文史通义》本身，固然是论史学多于文学，也重于文学，不过论文学部分，无论对文学概论、文学创作还是文学批评，都不失为重要的资料，甚至比若干专门论文学的著作，还要有见解，还要重要。

　　如果只因章氏论史学的造诣高于文学，或者说论文学为论史学所掩，就因此在书目的文学部分中找不到《文史通义》这部书，那么对研究文学的人，岂不是一项重大的损失？由此可见互著对整理图书资料、编制目录的重要性。

而互著说正是章氏所创立的。

一、章学诚的互著说

《校雠通义》第三篇便是《互著》，其第一节说：

> 盖部次流别，申明大道，叙列九流百氏之学，使之绳贯珠联，无少缺逸，欲人即类求书，因书究学。至理有互通，书有两用者，未尝不兼收并载，初不以重复为嫌，其于甲乙部次之下，但加互注，以便稽检而已。
>
> 古人最重家学，叙列一家之书，凡有涉此一家之学者，无不穷源至委，竟其流别。所谓著作之标准，群言之折中也。如避重复而不载，则一书本有两用而仅登一录，于本书之体既有所不全；一家本有是书而缺而不载，于一家之学亦有所不备矣。

这段文字，把互著的方法和重要性，说得很透彻。

可是他所举的例子并不恰当，因此很受后人的批评，人们也因此而怀疑互著说是否是他自己创立的。《互著》篇第二节说：

> 《七略》于兵书权谋家有伊尹、太公、管子、荀卿子、鹖冠

子、苏子、蒯通、陆贾、淮南王九家之书，而儒家复有荀卿子、陆贾二家之书，道家复有伊尹、太公、管子、鹖冠子四家之书，纵横家复有苏子、蒯通二家之书，杂家复有淮南王一家之书。兵技巧家有墨子，而墨家复有墨子之书。惜此外之重复互见者，不尽见于著录，容有散逸失传之文。然即此之十家一书两载，则古人之申明流别，独重家学，而不避重复著录明矣。

这九个例子粗看和第一节所说的原则，并无不符之处。可是细加分析，便知不能成立。

二、《七略》无互著之例

胡楚生有《目录学家"互著说"平议》一文，其结论有九项，认为：

今就所考，颇疑《七略》之中，并无"互著"之例，《汉志》之中，亦绝无"互著"之法。是则"互著"之说，乃章氏等之理想，不过援引《七略》《汉志》，以充实其说而已。

胡先生的证据是：章氏所举的伊尹、太公……淮南王和墨子等十种书，班固《汉书·艺文志》的《兵书略》，都注明因这些书在《七略》中重复出现于两类中而有一类省略了。所省各书的篇目和《诸子略》中所载各书篇目，在数量上相差很大。内容自不能完全如一，班氏见其同书名，便在《兵书略》省去，不知道《兵书略》和《诸子略》所记的这几种书，内容并不一致。便不是"一书两载"的"互著"了。

又班固自注所省的十部书，皆在任宏所校的《兵书略》中，而《诸子略》是刘向所领校的，彼此未必能知道互著。

胡先生的意思是这十种书，在刘向校书时，同一书名，而各有两种不同的本子流传，篇目多少既有出入，内容也许并不一致。而且刘向校诸子、任宏校兵书，各据所见的本子著于录，这和编目分类时，主其事者主动的互著不同。

三、从刘向校雠的义例看互著

在这里笔者要提出一些不同的看法。

首先，《汉书·艺文志》序说：

诏光禄大夫刘向校经传诸子诗赋，步兵校尉任宏校兵书，太史令尹咸校数术，侍医李柱国校方技。每一书已，向辄条其篇目，撮其旨意，录而奏之。

会向卒，哀帝复使向子侍中奉车都尉歆卒父业。歆于是总群书而奏其《七略》。

可知兵书虽由任宏负责，校完了仍由刘向总其成去"条其篇目，撮其旨意，录而奏之"。也就是编写篇目，撰写叙录，随书奏上的工作。专门的书，固然需要专门的人去校雠，如步兵校尉任宏校兵书，条其篇目，撮其旨意，仍然得由专家执笔。刘向也许在校《经传》《诸子》《诗赋》三略外，对《兵书》《数术》《方技》等，只是一名义上的总提调。可是即使刘向对兵书等外行，不足以去校雠，然等任宏等校完了，总可以看一看。至少任宏等所代为"条其篇目，撮其旨意"的叙录，总会过目，甚至加以笔削润色，一如清代修《四库全书》时，纪昀和《四库全书总目》的关系一样，那么"一书两载"，刘向便应该是知道而有意这样做的了。

即使刘向疏忽了，到刘歆奉诏卒父业，总群书而奏其《七略》的时候，也很容易发现这些"一书两载"的情形。

《汉书·艺文志》一共著录了五百九十六家，一万三千二百六十九卷的书。其中《兵书略》只有五十三家，七百九十篇，图四十三卷。比《七略》省十家二百七十一篇。《诸子略》只有一百一十九家，四千三百二十四篇。都不算多，总其成的刘向、刘歆父子，对于"一书两载"的情形，应该不至于是因疏忽而不知道的。

再假设第二种情形，《七略》重出的十种书，当时有两种不同的本子，不仅篇目多少有出入，连内容也并不一致，因而"一书两载"。

《别录》虽久已亡佚，然经清人辑佚，还可看到一些残篇，如《管子叙录》：

臣向言：所校雠中《管子》书三百八十九篇，大中大夫卜圭书二十七篇，臣富参书四十一篇，射声校尉立书十一篇，太史书九十六篇，凡中外书五百六十四篇，以校、除复重四百八十四篇，定著八十六篇。

又《晏子叙录》说：

臣向言：所校中书《晏子》十一篇，臣向谨与长社尉臣参校雠，太史书五篇，臣向书一篇，参书十三篇，凡中外三十篇，为八百三十八章。除复重二十二篇，六百三十八章，定著八篇，二百一十五章外书无有，三十六章中书无有，七十一章中外皆有，以相定。

可知当时流传的书，同一书的篇目出入很大，内容更不一致。刘向等的校雠工作，便是把这些不同的传本汇集起来，除去复重，定著统一的篇章。因此不至于疏忽到"一书两载"而不自知。如果同一书的两种本子有一部分是重复的，更应该把这重复的部分

"除"掉。

假设第三种情形是这些"一书两载"的部分，由于书名同而内容不同，所以分到两类。这也不容易发生，如《战国策叙录》：

> 中战国策书……本号或曰国事，或曰短长，或曰事语，或曰长书，或曰修书。臣向以为战国时游士辅所用之国，为之策谋，宜为《战国策》。其事继春秋以后，迄楚汉之起，二百四十五年间之事，皆定。

又《说苑叙录》：

> 臣向言：所校中书《说苑杂事》，及臣向书民间书校雠，其事类众多，章句相溷，或上下谬乱，难分别次序。除去与《新序》复重者，其余浅薄不中义理，别集以为百家后，以类相从，一一条其篇目，更以造《新事》十万言，以上。凡二十篇，七百八十四章，号曰《新苑》，皆可观。

又《易传古五子叙录》：

> 分六十四卦，著之日辰，自甲子至于壬子，凡五子，故号曰《五子》。

《易传淮南道训叙录》：

> 淮南王聘善为《易》者九人，从之采获，故中书署曰《淮南九师书》。

由以上各例，可知刘向等在校雠群书时，对各书的书名，很是注意，遇有一书多名，命定书名，很费推敲。如果同一个著者所著的书，内容不同，要分到不同的两类，必不至于用同一书名。

又胡先生的结论第四条说：

> 《汉志·兵书略》中，班注言省之十书，即章氏据以言互著者。其在《七略》，疑是其书各自已有单行之本（与全书篇数不一），流传于世，任宏因而视以为独立之书，而加著录。及至班固，见名而不见书，乃视以为重出者矣。

《七略》所收的书，班固也许不一定看得到。可是《别录》和《七略》，班氏是看得到的，而且《汉书·艺文志》正是据《七略》"删其要以备篇籍"的，似乎不致因见名而不见书，而看作为重出。

四、文献不足难有正确结论

笔者不是要做翻案文章，而是觉得《汉志》著录的书，多已亡佚，连《别录》和《七略》也都失传，仅靠辑本和《汉志》中班固的自注，材料实在太少。章氏用以证明他的互著说，固然还不足征信。据《别录》和《七略》辑本，加上《汉志》，以驳斥章氏的，也同样令人感到文献不足征。要讨论这一问题，在没有找到足够证据的情形下，是不易得到令人折服的结论的。

五、互著的功用

《校雠通义·互著》篇第四节说：

若就书之易淆者言之：经部易家，与子部之五行阴阳家相出入。乐家与集部之乐府，子部之艺术相出入。小学家之书法，与金石之法帖相出入。史部之职官，与故事相出入。谱牒与传记相出入。故事与集部之诏诰奏议相出入。集部之词曲，与史部之小说相出入。子部之儒家，与经部之经解相出入。史部之食货，与子部之农家相出入。非特如郑樵之所谓传记、杂家、小说、杂史、故事五类，与诗话、文史之二类易相紊乱已也。

若就书之相资者而论：《尔雅》与《本草》之书相资为用，地理与兵家之书相资为用，谱牒与历律之书相资为用。不特如郑樵之所谓性命之书求之道家，小学之书求之释家，《周易》藏于卜筮，《洪范》藏于五行已也。

书之易混者，非重复互注之法，无以免后学之牴牾。书之相资者，非重复互著之法，无以究古人之原委。一隅三反，其类盖亦广矣。

这一番意思，若干书目，如《四库全书总目》，也曾提到，然散见各处，章氏加以综述，很能发挥互著说的功用。

杜定友《校雠新义·卷一·中国无分类法论》说：

书为实物，部居有定。故置于甲，不能复置于乙。书为一书，不能剖而为二，岂可用互注互见之法哉？互见法者，编次之时用之耳，非以言分类法也。但于书有相通，各有互用者，则于类名之下，见之可也。如《易》可通阴阳，《乐》可通乐府，则于条目之下，互注见之，此便分类者有所指归，不必将书名逐一互见也。

杜氏所说的类名互见，采自西洋的编目法，正可以处理章氏所说相资相混的各书。不过西洋编目法，对同一书也可采用互见法。

互著法诚可以处理易于相混，或相资为用的资料，不过也要有限制。笔者在辅仁大学图书馆系讲授目录学时，曾嘱学生做一项作业，就是选十多种重要的书目，把其中一类每一种书目所收的书和其他书目著录情形列表对照。结果发现子部各类和经、史两部中的若干类，这十多种书目分类的歧异，常达十多类以至二十多类，占了四部类目的三分之一以至二分之一。如果从宽处理，同一类的书，可以互著到十类左右，那真要如胡先生所说："尚有何种伦类？将成何等模样？其诸多牴牾，不符实用，可断言也。"

如果互著法运用得当的话，的确可以有助于处理资料、依用资料。依笔者所见，运用互著法编目最成功的，首推马先醒先生所编的《汉史文献类目》，若干专著或论文，内容涉及不止一类的，则两见以至三见，查起来左右逢源。

六、互著的实用性

互著法虽是一种很有用的编目法，可是却很少有书目采用，甚至章氏自己编的一些方志中的艺文志，也未见采用。只有在《校雠通义·外篇》的《论修〈史籍考〉要略》中说：

六曰经部宜通。古无经史之别，六艺皆掌之史官，不特《尚书》与《春秋》也。今六艺以圣训而尊，初非以其体用不入史也。而经部之所以浩繁，则因训诂、解义、音训而多。若六艺本书，即是诸史根源，岂可离哉？今如《易》部之《乾坤凿度》,《书》部之《逸周》诸解，《春秋》之《外传》《后语》，韩氏传《诗》，戴氏记《礼》，俱与古昔史记相出入，虽云已入朱氏《经考》，不能不于《史考》溯其源，乃使人晓然于殊途同归之义。然彼详此略，彼全此偏，主宾轻重，又自有权衡也。

可以知道章氏对互著法的实用情形。

　　远在宋元之际，王应麟的《玉海·艺文部》和马端临的《文献通考·经籍考》，都偶有互著的情形。不过马考的一书两载，出于有意互著的不多，当是因所依据的《郡斋读书志》和《直斋书录解题》分类不同，而分列在不同书别可说是疏忽，甚至是错误的。

　　明祁承爜有《庚申整书略例》，说明分类编目的方法，其第四法曰"互",他说：

　　互者，互见于四部之中也，作者既非一途，立言亦多旁及。有以一时之著述，而倏尔谈经，倏而论政。有以一人之成书，而或以摭古，或以征今，将安所取衷乎？故同一书也，而于此则为本类，于彼则为应收。同一类也，收其半于前，有不得不归其半于后。

　　如《皇明诏制》，制书也，国史之中固不可遗，而诏制之中，亦所应入。如《五伦全书》，敕纂也。既不敢不尊王而入制书，亦不可不从类而入纂训。又如《焦氏易林》《周易占林》，皆五行家也，而《易》书占筮之内，亦不可遗。又如王伯厚之《玉海》，则《玉海》耳。郑康成之《易》《诗》、地理之考、六经天文、小学绀珠，此于《玉海》何涉，而后人以便于考览，总列一书之中，又安得不各标其目，毋使混淆者乎？其他如《水东日记》《双槐岁抄》、陆文裕公之《别集》、于文定公之《笔麈》，虽国朝之载笔居其强半，而事理之诠论亦略相当，皆不可不各存其目，以备考镜。至若《木钟台集》、《闲云馆别编》、《归云别集》《外集》、范守己之《御龙子集》，如此之类，一部之中，名籍不可胜数，又安得概以集收，溷无统类。故往而有一书彼此互见，又同集而名类各分者，正为此也。

昌瑞卿（彼得）先生的《中国目录学讲义·互著与别裁》章，认为此所谓"互"，即章氏所云之重复互著，祁氏阐释此部次之方法，实远较章氏清晰，而章氏当取法祁氏。然祁氏所用之"互"一词，不及章氏改用之"互著"词义明晰。又祁氏《略例》的第三法曰"通"，即章氏裁篇"别出"之法。

可是祁氏所编的《澹生堂书目》，并未能采用他所订的"通"和"互"两种方法，和章氏一样，都是能说明理论，而未能及身付之实行。

不过后世却能渐渐采用互著法，除前述《汉史文献类目》外，运用得最成功的，有近人余绍宋的《书画书录解题》。其凡例第三十五，称为"互见"，他说：

> 一书而跨两类以上者，用互见之例，入其重者之类，其他类之中，则于后低一格书之。例如《宣和书画谱》，纵其叙书画家事实甚详，类于史传，然为著录而作，非如《历代名画记》，虽未见其迹，亦为作传者可比。故入著录类，而于史传类互见之。唯丛辑类中有与他类并重者，若《画史汇传》之于史传，《历代题画诗类》之于题赞，《书法正传》之于作法。今以所辑半见于各本类，故仍入丛辑。

余氏于采互见例所收各书，次于每类最后，并低一格，以示区别。如第一卷《史传类》卷末，列《书断》到《桐阴论画》等八种，本类是品藻类，而互见于史传，并有"以上诸书所叙诸人，俱系小传"做一说明。第二卷《作法类》卷末，计有史传、论述、品藻、题赞、杂识、丛辑六类所收的书，互见于史传类。

然如《史传类》下云：

> 《画史会要》卷五为画法、《绘事备考》一卷为画法。《怀古田舍梅》统卷十，俱是画梅之法。

所举的三种书，仅其中一卷是论作法的，是章氏的别裁法，余氏也采用这一种方法，称为"别见"，见序例第三十八条，详见下节别裁。余氏好像没有见到章氏的《校雠通义》，而所定的"互见"、"别见"两例和章氏的"互著"与"别裁"正相合。可是余氏未能把这两例分清楚，以致有的地方自乱其例。

第二节 别裁

一书兼具两种或多种性质，可用互著法。至于一书中仅有某一或若干篇卷，其性质和全书有别的，章氏则有别裁法。

别裁是裁篇别出的省称，意思是一部书中的一部分，性质和功用跟全书属不同类。譬如《汉书·艺文志》，是今存最早的完整的书目，在《汉书》中为一卷。《汉书》是纪传体类（或正史类）的断代史。但因我们研究目录学时《汉志》是很重要的文献，故编目时如果把《汉书》仍著录在纪传类中，而把其中《艺文志》再著录于目录类中，这便是裁篇别出。同样情形，《地理志》对研究汉代以至先秦地理很重要，《食货志》对研究古代经济史很重要，都可以从《汉书》中裁篇别出。这一方法，比互著还要精细些。

一、章学诚的别裁说

《校雠通义·别裁第四》说：

《管子》，道家之言也，刘歆裁其《弟子职》篇入小学。七十子所记百三十一篇，《礼》经所部也，刘歆裁其《三朝记》篇入《论语》。盖古人著书，有探取成说，袭用故事者（如《弟子职》必非管子自撰，《月令》必非吕不韦自撰，皆所谓采取成说也）。其所采之书，别有本旨，或历时已久，不知所出。又或所著之篇，于全书之内，自为一类者，并得裁其篇章，补苴部次，别出门类，以辨著述源流。至其全书，篇次具存，无所更易，隶于本类，亦自两不相妨。盖权于宾主重轻之间，知其无庸互见者，而始有裁篇别出之法耳。

《夏小正》在《戴记》之先，而《大戴记》收之，则时令而入于《礼》矣。《小尔雅》在《孔丛子》之外，而《孔丛子》合之，则小学而入于子矣。然《隋书》未尝不别出《小尔雅》以附《论语》，《文献通考》未尝不别出《夏小正》以入时令。而《孔丛子》《大戴记》之书，又未尝不兼收而并录也。然此特后人之幸而偶中，或《尔雅》《小正》之篇，有别出行世之本，故亦从而别载之耳，非真有见于学问流别，而为之裁制也，不然，何以本篇之下，不标子注，申明篇第之所自也哉。

这一篇说得还不如《互著论》清楚。

胡楚生先生有《目录学家别裁说》，推寻章氏之意，凡称别裁者，必得具备下列条件：

（一）分类编目者，积极而主动裁出某书之某篇，或某若干篇，另予著录。

（二）既已裁出某书之某篇，或某若干篇，又必入于别一门类之中。

（三）既已入之于别一门类，而其所入者，又必有关于学问流别之阐扬。

似此方得视之为别裁。反之：

（一）某书之某篇，如已有单行本流传于世，而编目者亦以其为一单行之书而收录之、别载之（如章氏所指之《小尔雅》《夏小正》），则不得谓之为别裁。

（二）某书之某篇或若干篇，虽已裁出别行（或本已单行流传），而编目者收录其原书于同一门类中，则已与章氏"别出门类"之意不合，更无以考辨学问流别，则亦不得谓之为别裁。

（三）章氏论别裁之议，要为考辨学问流别而设。如某书之某编或若干篇，虽已裁出别行（或已单行流传），而今其所入之门类，有与此篇或此若干篇之学问指要，绝不相关者，则亦不得谓之别裁，而仅能谓之为编目之错谬耳。

说得要比章氏清楚而有条理。

二、《七略》《汉志》无别裁之例

至于各家所说《七略》和《汉志》采用别裁来编目，胡先生则都予以驳斥，而肯定《七略》《汉志》并无别裁之例。他认为：

（一）《弟子职》《孔子三朝记》《内业》等，本自单行，后人辑《弟子职》《内业》等入《管子》，《孔子三朝记》以入《大戴记》，都不是刘氏向、歆父子编目分类之时，有意主动为之裁出别行者，不可谓之为别裁。

（二）《中庸说》和《礼记》里的《中庸》当非一书，而犹如《弟子职》之有《弟子职说》，《诗经》之有《鲁故》《鲁说》，《老子》之有《老子邻氏经传》《老子傅氏经说》《刘向说老子》。而且《中庸说》和《中庸》，同在礼类，也不是"别出门类"以"辨章学术"，考明"著述源流"，所以《中庸说》不可能是别裁。

（三）《汉志》道家和兵权谋家都有《孙子》，儒家和兵权谋家都有《孟子》，然都不是同一书，所以有人怀疑它是《汉志》有意别裁，其说必不可信。

三、从刘向校书方法论别裁

笔者也想从刘向等当初校书时的方式说起，前面互著说一节，引过《管子》《春秋》的叙录，可知当时所据以校雠的传本，篇卷多少不一，彼此相重复的很多。不过肯定也有某一本中有的若干篇章，是其他本子所没有的。

今以《列子叙录》为例：

臣向言：所校中书《列子》五篇，臣向谨与长社尉臣参校雠，太常书三篇，太史书四篇，臣向书六篇，臣参书二篇，内外书凡二十篇，以校。除复重十二篇，定著八篇。

假定这五种本子所存的情形如下：

	篇一	篇二	篇三	篇四	篇五	篇六	篇七	篇八
中书	✓		✓	✓		✓		
太常书	✓	✓		✓			✓	
太史书		✓	✓		✓			✓
臣向书	✓		✓		✓	✓	✓	
臣参书		✓				✓		

先秦到西汉末年，图书多用简牍书写，少数用帛。每一篇卷自成一单位，每部书便是集合若干篇卷编成的，内容比如今的丛书还不固定。对于同一种书，各种本子的篇卷多少不一，不外乎下列几种情形：

（一）收藏人就其喜好，对篇卷予以增减。

（二）所得的传本，残缺不全。

（三）所得的传本，经他人增入原非本书若干篇卷。

（四）一书中的若干篇卷，习于从全书中析出单行。

刘向等校雠时，便是把这些篇卷多少不同的本子，汇集起来，一一比勘，除其复重。重复部分，也并非摒弃不管，至少在若干种内容相同的篇卷中，保留哪一种本子，除掉哪些本子，总得先作一番比较，留下那最好的。至于重复的本子，还得用来校正讹文脱字。

如《尚书叙录》：

臣向以中古文校欧阳、大小夏侯三家经文，《酒诰》脱简一，《召诰》脱简二。率简二十五字者，脱亦二十五字；简二十二字者，脱亦二十二字。文中异者七百有余，脱字数十。

这是书有脱简，经用不同的本子校雠而能补足的例子。

又如《列子叙录》：

或字误以尽为进，以贤为形。如此者众。及在新书有栈，校雠从中书。已定，皆已杀青，书可缮写。

这是用不同本子校正误字的例子。各书都要汇集众本，加以校勘。成为定本，才能杀青缮写。

那么某些书的若干篇卷，本来是单行的，后来收入该书。或是某些书已经编定，后人把别自单行的一些篇卷不多的小书，加入该书。而单行的部分，仍然单行。

而刘向校书时，当是不论单行的小书或已编入他书的，都汇集起来，作为异本，以供校正讹脱之用。到写成定本时，除收了篇卷较多的某些书外，并把其中曾有单行本的部分，另写了一份，分别著录。这也许不能算作别裁，至少值得我们注意，而加以讨论。

且以现今的丛书作个比方。台湾商务印书馆的"人人文库"所收的书当中有本是单行本的，如果编一部书目，收有甲书本来单行的本子，后来收入了人人文库。编目时所据以著录的，是未收入人人文库时的单行本。那么这一书目虽然把全部人人文库甲书和单行本都著于录，也许不好说是把甲书那一个单行本是从人人文库中裁出的。可是如果所据的不是单行本，甚至编目时根本不知道这部书曾单行过，而在收录人人文库之外，又把甲书从人人文库中别出，另著于录，那就得算是别裁了。

其实上述的第一种情形，虽不是编目的人"积极而主动的"别裁，但他明知人人文库已收，仍另行著录单行本，不妨说这是局部的互著。而所谓别裁，实质上就是局部的互著，至少功能上、方法上是很相近的。

四、别裁法的利用

如何运用别裁，《校雠通义·焦竑误校汉志第十二》说：

> 裁篇别出之法，《汉志》仅见此篇（按：据上节指《弟子职》），及《孔子三朝》篇之出《礼记》而已。充类而求，则欲明学术原委，而使会通于大道，舍是莫由焉。且如叙天文之书，当取《周官·保章》、《尔雅·释天》、邹衍《言天》、《淮南》天象诸篇，裁列天文部首。而后专门天文之书，以次列为类焉。则求天文者，无遗憾矣。叙时令之书，当取《大戴礼·夏小正》篇、《小戴记·月令》、《周书·时训解》诸篇，裁列时令部首，而后专门时令之书，以次列为类焉。叙地理之书，当取《禹贡》、《职方》、《管子·地图》、《淮南·地形》、诸史地志诸篇，裁列地理部首，而后专门地理之书，以次列为类焉。则后人求其学术源流，皆可无遗憾矣。《汉志》存其意，而未能充其量，然赖有此微意焉，而焦氏乃反纠之以为谬，必欲归之《管子》而后已焉，甚矣校雠之难也。

章氏的意思，天文、时令、地理等类，古代缺乏专门的书籍，而要了解古代天文等情形，便得借重《周官》《尔雅》《淮南王》等相关部分。然后再列后世的专门论著，才能成为完整的书目，发挥辨章学术、考镜源流的功能。

又《论修〈史籍考〉要略》，第七项子部宜择，第八项集部宜裁，也都是举例说明别裁的。

其他书目采用别裁法的，胡楚生先生举五种书为例：黎经诰的《许学考》、朱彝尊的《经义考》、王重民的《老子考》、严灵峰的《老庄列三子知见书目》、《墨子知见书目》等。

《经义考》于小学类仅收《尔雅》等，不收《说文》和韵书，《许学考》便是针对这一点而编成的。所以《经义考》宜次于《许学考》之前。章氏别裁之说，实受《经义考》的启示，《论修〈史籍考〉要略》第八项"集部宜裁"说：

……此乃史裁本体，因无专门家学，失陷文集之中，亦可惜也，是宜取其连篇累卷入史例者，分别登书。此亦朱氏取《洪范五行传》于曾、王文集之故事也。

运用别裁法很成功的例子，也推余绍宋的《书画书录解题》，他称为"别见"，其序例第三十八说：

所录各书皆以有单行者为准（丛书所录者以单行本论）。其现今虽未见单行，而各家书目曾经标列者（各家征引书目亦同），及附刊于他书而能分立者亦同。否则用"别见"之例，列于每类之后。故虽简略如沈存中《图画歌》、张退公《类竹记》，仍为列入正类。详备如《古今图书集成》字部、画部，亦仅列"别见"也。

其卷一《史传类》之末，别见部分，自《书苑菁华》，裁出《王羲之笔势传》《唐陆羽怀素别传》。卷二《做法类》，自《书法要录》《书法正传》《墨池编》《书苑菁华》《书画传习录》《历代名画记》《画史会要》《唐六如画谱》等，裁出《梁武帝观钟繇书法十二意》等二十二篇。

台北故宫博物院 1982 年增订的《线装旧籍书目》，则以卷为单位，采用别裁法。至于正史的书志部分，以及方志等，大家所共知的，则从略。

五、别裁和类书索引

别裁法用得太滥，便割裂得有如类书。章学诚也知道这一点，《校雠通义·焦竑误校汉志第十二》说：

或曰：裁篇别出之法行，则一书之内，取裁甚多，纷然割裂，恐其破碎支离而无当也。

答曰：学贵专家，旨存统要，显著专篇，明标义类者，专门之要，学所必究。乃掇于全书之中，章而觚之，句而厘之，牵率名义，纷然依附，则是类书纂辑之所为，而非著述源流之所贵也。

他人的批评，则更严厉而苛刻。如钟肇鹏《校雠通义评误》说：

> 不知《释天》《释草》，但记名物。《保章》《职方》，唯详职守，岂天文地理农事之科？夫是而可裁，则《周官》三百六十，《尔雅》二十篇，无不可裁矣。邹衍《谈天》，本空谈而不能实测。《夏小正》《月令》《时训》亦非专为农事，何可裁归农家。地理专门，与诸史地志亦殊，未可裁入地理。《无逸》者周公劝成王重农之意，《豳风》咏农事之诗，与农家何涉？《管子·牧民》，详在立国之大经大本，尤与农家无干。岂凡涉"农"字，即当裁归农家乎？《淮南》天文、地形而可裁，则《兵略》可裁入兵家，《原道》可裁入道家。夫是则《吕览》《淮南》本杂家言，将何篇而不可裁乎？

其实从《艺文类聚》到《古今图书集成》的编纂方法，正如钟氏所论，不过这是类书，而不是旨在辨章学术的别裁法了。至于凡涉农字，即归农家，则是编索引的法子。类书和索引，都是整理资料的一种方法，虽不能和别裁混为一谈，功用上则不无相通之处。

别裁法经章氏等倡导后，用以编目的并不多，可以说多少受到我国类书编得太多的影响。且如《古今图书集成》，多到一万卷，采用四部书略备。虽然割裂群书，分类不甚恰当，无当于别裁，但在功用上，则不无相通之处。

如何适当地运用别裁法来处理数据，而不至流于类书、索引，是我们当今的课题，讨论别裁法的源流，批评其缺失，固然重要，如能充分而恰当地运用，则更重要。

至于索引，章氏也深知其重要性，而且在理论上和实务上，都有所建树。

第三节　索引

别裁法如果施用得太滥，便会流于类书或索引，而索引实在也是一种很有用的整理资料的方法。我国早在宋代时，便已有索引，明代以来，编得渐多，不过大量编索引还是近世受西洋的影响，就连索引这一名称，也是从日本引进的，而日本又是得自西洋的。

索引是把图书资料中所有的主要词汇，如人名、地名、物名、事名、书名、篇名或其他资料的主题名称，全行或加以选择，依照一定的顺序，如韵部、注音、部首、笔画、笔顺、号码等，加以排列。每一条目，都注明在原来图书资料中的位置，如篇卷、页次，甚至行次。

至于重要的典籍，可以把每一个字，包括虚字，作为主题。西洋称为 concot-dence，或音译为"堪靠灯"，笔者曾意译为逐字索引。

把各条目分类排列的，宜称为"篇目"或"分类目录"，以示和按字顺排的索引有别。

"索引"，我国旧称韵编、检目、便检、备检或通检。哈佛燕京社则译西文 index 为引得，音义兼备，然而用得不如索引普遍。

一、章学诚编索引的理论

根据以往的经验，章学诚深感索引的重要，他在《校雠通义·辨嫌名第五》说：

部次有当重复者，有不当重复者。《汉志》之后，既无互注之例，则著录之重复，大都不关义类，全是编次之错谬尔。篇次错谬之弊有二：一则门类疑似，一书两入也。一则一书两名，误认二家也。

欲免一书两入之弊，但须先作长编，取著书之人，与书之标名，按韵编之，详注一书原委于其韵下。至分部别类之时，但须按韵稽之。虽百人共事，千卷雷同，可使疑似之书，一无犯复矣。至一书两名，误认二家之弊，则当深究载籍，详考史传，并当历究著录之家，求其所以同异两称之故，而笔之于书，然后可以有功古人，而有光来学耳。

这就是说要避免同一书误分到两个不同的类别，要把群书先编成书名和著者索引，以供检查。

他在《校雠通义·校雠条理第七》的第三节又说：

古者校雠书，终身守官，父子传业，故能讨论精详，有功坟典。而其校雠之法，则心领神会，无可传也。近代校书，不立专官，众手为之，限以程课，画以部次，盖亦势之不得已也。校书者既非专门之官，又非一人之力，则校雠之法不可不立也。

窃以典籍浩繁，闻见有限，在博雅者且不能悉究无遗，况其下乎？以谓校雠之先，宜尽取四库之藏，中外之籍，择其中之人名、地号、官阶、书目，凡一切有名可治，有数可稽者，略仿《佩文韵府》之例，悉编为韵，乃于本韵之下，注明原书出处，及先后篇第。自一见再见，以至数千百，皆详注之，藏之馆中，以为群书之总类。至校书之时，遇有疑似之处，即名而求其编韵，因韵而检其本书，参互错综，即可得其至是。此则渊博之儒，穷毕生年力而不可究殚者，今即中才校勘，可坐收几席空间，非校雠之良法欤？

这是说要把政府和民间收藏的经、史、子、集等所记载的人名、地名、官名、书名等主题，编成索引。

我们也认为这一工程太过庞大，很不切实际。笔者认为这番话当是针对修《四库全书》而发的，所以说编成要藏之"馆中"，可能便指的修四库全书馆。以修《四库全书》时所投入的人力、物力和财力，来编这样的一部索引，是足以胜任的，而且也切合需要。编成后可以节省不少人力，校出不少应校的地方，是很值得的，而且全书修成之后，这一部包罗广博的索引，千秋万世，对读书人都是极有用的。

当然修《四库全书》的馆臣，计不及此。章氏人微言轻，也不会引起注意。然而章氏自己也编过索引，其友朋之中也有编索引的。

二、章学诚编索引的实务

《章氏遗书·外编》卷十九的《历代纪元经纬考》，卷二十的《历代纪元韵览》，便是他所编的索引。《纪元经纬考》等是就胡虔和马绍基二家之稿，加以校订合为一编。自序说：

治编年史者以事实发针线，治纪传史者以年甲为手镜。事实各随文而为之终始，年甲则离史而别自为编。唯纪传之史，文繁而功密，治史者于是致力为多，非得简要之法以临之，则浩如云海矣。前辈年号纪元之书，著于录者凡数十家，存者尚十余家。大约主年代者详于甲子干支，尚考订者广及偏方僭窃。详则过于烦碎，简则俭省多遗。未有折中可为读史约法者。

桐城胡上舍虔，尝以六十甲子镂板为格，而以历代纪元案格注之，读纪传散著之文，案索年代，指掌可得。元和马判府绍基，广索群书，记载年号，而以正统、列国、窃据、篡逆、外国、钱文六例标识，分编为韵，以便稽检。因即二家之稿，稍加合订，合为一编，表以经之，韵以纬之。反复互求而举无遗漏。于以考检史文，旁推传记。极于金石题识，竹素遗编。可以参决异同，决定疑似。是亦习编摩者所不可缺也。

自序后有凡例六则，接着是三元甲子，从汉文帝二年到清嘉庆九年（学诚卒于嘉庆六年，这年当是预列或是刊书人所增），然后是年表，每年一格，标明干支，而于帝王或改元的元年，都加注明。

《历代纪元韵览》分两部分：

（一）表：分正统到钱文六栏，各按年纪建元情形。

（二）韵览：依韵列元号，下注哪些帝王用过，凡多少年。在每一帝王的第一个元号下，记其名讳，承谁的帝位，改元若干次。而其他元号下，不复再述，只注明见第一个元号及其韵目。

这一类纪年表，后人编得很多，考证后出转精，资料愈积愈多，排列方法也更便于检查，而章氏创始之功，尤值得称道。

《纪元经纬表》的自序上说该书系乾隆五十七年（1792）编的，时值章氏晚年，一定是他感到没有索引，查年号太困难，却又要常查，才去做这一利己便人的工作。

三、三史同姓名录等

梁元帝有《古今同姓名录》，实在是一部索引，历代书目多列入类书。清汪辉祖有《三史同姓名录》《史姓韵编》等，章氏都曾为他写序，收在《文史通义·外篇》卷二。《三史同姓名录·序》，先说辽金元三史，人名多相同，如前人所论，《元史》中有五个人名伯颜，四个脱脱。或说译名不必用固定的字，同名的不妨换同音之字。然而如果史官不用官定的字译人名以私意改字，只取其易于分别，就只史官自己知道，不能让读史的尽人皆知。所以《金史》将同名的人分其所分，合其所合，他便不赞同。因而说：

史家发凡起例，当为后世师法……作史者自应推《春秋》《释例》，兼法古今同姓名录，特撰为同名考……古人比事属辞，其道通于神明变化，是何如绝业也。而区区以名字之同强为分合，则亦无异儿童数枚之见矣。况人名岂尽限于列传，本纪志表参差杂出，即使列传可分，阅纪志者又岂能皆悉欤？

夫不明于法度，而唯以小慧苟为弥缝，未有不反失大体者也。此余向所撰《文史通义》之篇也。今见龙庄《三史同名》之录，盖先得我心之同然矣……

前人谓伯颜有五，或广至九伯颜，以为详矣。今龙庄所考，盖同名伯颜，几二十人，视前人所考，不啻倍蓰。则此书之精详，不可不著也。

体例好、考证精的类书和索引，不仅是有用的工具书，也可从申明法度，见大体。故对于《史姓韵编》，章氏推崇为"姓系名录为经史专门家学"，说"姓编名录，又人表之所从出。故曰：专门之学，不可同于比类征事书也"。

现代人编的《古今同姓名辞典》《二十五史人名索引》，以至各史很详尽的人名索引，比汪书要详细多了。但多出于抄胥之手，便谈不上专门之学。

章氏有《阅书随札》一卷，所记多系历代诗文集，遇有碑传中生卒年资料，随手录出，不下千人，如加以排比，便是钱大昕《疑年录》之类，也近于类书。近年这一类书也很多，资料要丰富得多，然辗转抄录，不尽可信。我国历代人物的生卒年，多不可详，偶有也散见史传、笔记和文集中，若加抄辑排比，则资料不算少，章氏在这方面，不失为先知先觉。且为搜集和整理此类资料，开一范例。

第四节　编目法

章氏编了若干种书目，《史籍考》虽未完成，总是做了几年。他所修的几种方志，有的是艺文志。《校雠通义》中的互著说和别裁说，便是他对编目的创见，不过这是原理。在实务方面，他也有一些说明，今分述于后。

一、辨嫌名

《校雠通义·辨嫌名第五》说：

《太史公》百三十篇，今名《史记》。《战国策》三十三篇，初名《短长语》。《老子》之称《道德经》，《庄子》之称《南华经》，《屈原赋》之称《楚辞》，盖古人称名朴而后人入于华也。自汉以后，异名同实，文人称引，相为吊诡者，盖不少矣。《白虎通德论》删去"德论"二字，《风俗通义》删去"义"字，《世说新语》删去"新语"二字。《淮南鸿烈解》删去"鸿烈解",而但曰《淮南子》。《吕氏春秋》有十二纪、八览、六论,不称《吕氏春秋》而但曰《吕览》。盖书名本全而援引者从简略也。此亦足以疑误后学者已。郑樵精于校雠,然艺文一略,既有《班昭集》而复有《曹大家集》,则一人而误为二人矣。晁公武善于考据,然《郡斋》一志,张君房《脞说》而题为张唐英,则二人而误为一人矣。此则人名字号之不一,亦开歧误之一端也。然则校书著录,其一书数名者,必当历注互名于卷帙之下。一人而有多字号者,亦当历注其字号于姓名之下,庶乎无嫌名歧出之弊矣。

如今杜信孚有《同书异名通检》。至于人物的字号索引,市面上较通行的,凡十多种,收录较多的如陈德芸的《古今人物别名索引》,陈乃乾的《别名索引》《室号索引》。附于传记索引的,如哈佛燕京学社的《八十九种明代传记资料引得》,昌瑞卿先生的《明人传记资料索引》《宋人传记资料索引》等。章氏的构想,如今多实现了。不过单是别名索引还不够,最好能如章氏所说,把一个人的别名,都注记在他的姓名下,再编索引。《明人传记索引》等,便采用这一方式,且各有小传。唯所搜集的别名,不够完备,这一工作得由集体的力量来做。

二、宜剪裁

《史籍考》固然以《经义考》为蓝本，多所取法，然也有不少改进。如朱彝尊的《经义考》著录的资料不到九千种，成书已达三百卷。《史籍考》如全依朱氏抄录序跋等成法去编，卷帙不止加倍，故章氏认为宜加剪裁。《论修〈史籍考〉要略》第三项说：

> 史部之书，倍于经部，卷帙多寡，约略计之，仅与朱氏《经考》相去不远。盖一书之中，但取精要数语，足以该括全书足矣。篇目有可考者，自宜备载。其序论题跋，文辞浮泛与意义复沓者，概从删节。但记作序作跋年月衔名，以备参考而已。按语亦简而易明，无庸多事敷衍，庶几文无虚饰，书归有用。

在朱氏生前，《经义考》实未完成，所以还有几卷从缺。所收序跋，有的无关考订，作序年月却多删去。或是自文集转录，而不是抄自原书，本无年月。至于篇目，除序跋中提及外，不加记载。

章氏则删去序跋的浮词和复沓部分，然记作序作跋的年月和衔名，要比朱氏的体例简洁而明白。屈师翼鹏为美国普林斯顿大学葛思德图书馆中文善本作书录时，便采这一方式，唯未录衔名。前此则陆心源的《皕宋楼藏书志》，也是如此。

至于篇目，章氏说："有可考者，自宜备载。"这里认为应当

"考"的，疑指失传或罕见传本的书。如果寻常通行的书，备载篇目，不仅没有必要，而且连篇累牍，也没有必要。笔者认为《四部备要书录》，对所收各书都记其"卷目"，如正史，记其纪、表、志、传，各从卷几到卷几。文集则记序、记、传、铭等卷次的起讫。办法很好，也可从中知道书的主要内容，如果能费些工夫，查算出各类文字各有多少篇，就更为有用。

据《史籍考》总目，共计三百二十五卷，比《经义考》只多二十五卷，或百分之八点三。除所收卷帙加倍外，还载有可考的篇目，序跋的年月衔名。平均说来，每种书的说明，不到《经义考》的一半。对于资料的说明，越简短越费工夫，尤其是要"取精要数语，足以该括全书"更是难。

三、精考异

章氏的要求，还不仅是对叙释文字，"取精要数语，足以该括全书"。还得考异宜精，这是《论修史籍要略》的第十一项。他说：

史籍成编，取精用弘，其功包经、子、集，而其用同《经籍考》矣。然比类既多，不能无所牴牾，参差同异，势不能免。随时编次之际，取其分歧互见之说，赅而存之，俟成书之后，别为考异一编，庶几无罅漏矣。

解题书目，如《郡斋读书志》《直斋书录解题》《四库全书总目》等，对一书的分歧互见之说，偶尔也载在提要中，不过为了行文简洁，多只写出结论，而把那些分歧互见之说，和考订、取舍的情形，略而不提，这对读提要的人来说，实在是一大损失，有时遇到这些歧说，又得考订一番，可是一一载在提要，又不免繁冗难读，章氏则于叙释文字，但取精要数语，而把分歧互见之说，别为《考异》一编，是两全的良方。

四、详板本

汉刘向等校雠图书时，先广罗异本，再互相补充，除去复重，校订讹文脱误，编次篇目，然后写成定本，撮其旨意，录而奏之。在各书的叙录中，常记明各本的脱误情形。唐陆德明的《经典释文》，详载各种不同本子的异文。可惜东汉到五代，所编的解题书目都没有流传下来。宋晁公武的《郡斋读书志》、赵希弁的《附志》、尤袤的《遂初堂书目》、陈振孙的《直斋书录解题》，对所收各书的板本，都间有记载，晁志所记板本不多。尤袤的书目仅于群经正史等记其刊板地域。赵希弁《附志》对所收书中，有和晁志板本不同的，常述其异同。陈录所记板本资料，凡两百条有奇，如把汇刻各书，如方志、总集等分析子目，一书有多种板本分别计算，又要多得多。明代中叶，宋元旧刻日渐稀少，收藏家把古本当作古董。明末清初，毛晋、钱曾等遂偏好古本。后来甚至就秘府所藏编成的《天禄琳琅书目》，先区别宋、元刊本、写本等，再分部类。不过这都是把古本当作古董来鉴赏。

《四库全书》的提要，号称考订精详，而著录和存目的一万多种书，只是记其来源，如内府藏本，各地载私人进呈本、《永乐大典》本等。另有通行本。至于何时何地所刻，其优点和缺点如何，还有哪些传本，各本间同异优劣如何，在提要中也偶有记载，但不是通例。

章氏对板本十分重视，《论修〈史籍考〉要略》第十二项是"板刻宜详"，他说：

朱氏《经义考》后有刊板一条，不过记载刊本原委，而惜其未尽善者，未载刊本之异同也。金石刻画，自欧、赵、洪、薛以来，详哉其言之矣。板刻之书，流传既广，讹失亦多。其所据何本，校订何人，出于谁手，刻于何年，款识何若，有谁题跋，孰为序引，板存何处，有无缺讹。一书曾经几刻，诸刻有何异同，惜未当尝有人仿前人《金石录》例而为之专书者也。如其有之，则按求书，不迷所向，嘉惠后学，岂不远胜《金石录》乎？如有余力所及，则当补朱氏《经考》之遗，《史考》亦可以例仿也。

他这一构想，虽源自金石目录，却发前人所未发，章氏身后迄今，仍没有人能像他这样把板刻考得如此详明。

稍晚于章氏的黄丕烈，收藏了约两百种宋本，写了很多题跋，也校过不少书。然他以鉴赏为主，是毛晋、钱曾一流，只是考订的功夫比他们精密。卢文弨的《群书校补》、蒋光煦的《斠补录》、陆心源的《群书拾补》，考订精详，然各人所校，不过几十种，而所据的本子有限，对章氏所说的所据何本，到诸刻有何异同等十一项，则多未能一一详考。近人如张元济、傅增湘等，收藏既富，交游亦广，校的书也很多，张氏的《校史随笔》《涉园序跋集录》、傅氏的《藏园群书题记》《双鉴楼藏书记》等，比卢、陆诸家，又能后出转精，然离章氏所说的十一项要求，还有一段距离。

1970 年，《馆藏善本书志》，采用蒋慰堂师的指示，把一书的不同传本，汇集了来加以考订，详其源流异同。如昌瑞卿先生所志的《柳宗元集》，便很能接近章氏的要求。然而对于馆中未藏的本子，则未能也加以详考。事实上在此时此地，既不容易把"一书曾经几刻"都查出来，查出也未必都能找到，即使找到，要考"诸刻有何异同"，非得用卢、蒋诸家的功夫不可。这不要说是个人的力量不可能做到，即使用群体的力量，也得集众多受过校勘、目录和板本诸学训练的人，得到各收藏机构的支持，费上几十年的时间，且还要主持得人，才能做出一些成绩来。

章氏这一项构想，所定目标太高，所以在他提出后到如今已近两百年，值校勘、目录、板本诸学的极盛时代，成就仍很有限，离他的构想仍很远。不过从事目录学和板本学研究的人，不妨把他的这十一项（或许还可以补充一些），当作一个很高而远程的目标，群策群力，也许会有实现的一天，不过这是一项团队合作的长期工作，不是纂修《史籍考》的初意所能涵盖。

第五节　余论

互著和别裁，是否是章氏所创，后人多有疑问，有说他袭自郑樵、王应麟、马端临、祁承爜、朱彝尊诸家。至少朱彝尊的《经义考》，对章氏不仅有很大的启示，那《史籍考》就是仿效《经义考》而编的，在《论修〈史籍考〉要略》的第八项"集部宜裁"中明说是袭用朱氏故事，但在《校雠通义》中却对朱氏只字不提。当然《通义》成书较早，《要略》成于晚年。可是总应有一交代。

而在章氏之前，虽已有多家运用过互著和别裁这两种方法，不过到章氏才说得较明白而周备，才引起人注意，实在功不可没。虽然他的举例不够恰当，自己也未能采用，理论和方法都有待后人补充修订，但如加以适当地运用，可发挥目录的功效。

至于他编索引的理论和方法，如今看来不免精密不足，然在两百年前，便能注意到，从而加以倡导，实是先知先觉。

章学诚对编目的意见，多从实务中得来，有些地方，如"考异宜精""板本宜详"，不免陈义过高，然而不妨作为远程的目标。

至于说解题宜加剪裁，不仅针对《经义考》而发，也是对时有浮词的《四库提要》说的。近年学界撰写提要的人更变本加厉，以多为胜，抚今思昔，更令人对章氏的卓见感到钦敬了。

第七章

章学诚的影响

一个人在学术上能有所建树，不是凭空突创的，必然有所承受。师承既多，若能再加融会贯通，成就必大。而其学说在生前死后，必有影响。如果某种学说竟然没有什么影响，或是时间很短暂，那么这些学说，也就可有可无。如春秋战国，号称诸子百家，经历史的自然淘汰，到班固的《汉书·艺文志·诸子略》时，便只剩九流十家了。而唐代修的《隋书·经籍志》，农家类便名存而实亡。所收各书，如《齐民要术》，重在耕作、渔牧、农产品加工等技术方面。而《汉志》中那些君臣并耕以治天下的书籍，仅存《氾胜之书》二卷。又如纵横家，也仅存《鬼谷子》，小说家更是面目一新。

　　章氏治学范围很广，遍及经、史、子、集四部，如六经皆史，认为后世学术思想、文辞，俱出群经。自许对史学义例，多发前人所未发，在刘知几和郑樵之上。又致力于方志的纂修，认为方志所重在文献而不在沿革，以供修国史取裁。治学术史贵在"辨章学术，考镜源流"。论思想则贵在成一家之言。认为九流十家，出于王官。论文辞杂说源出《诗教》，而实重在能出于史，所以对历代公认的文章巨匠如韩愈、欧阳修、苏轼等，都有贬词，下至归有光、方苞等，更不足论了。

这样的一个人，未必能誉满天下，但不管是赞成他的还是反对他的，都不免要受到他的影响。

现在分作两方面，先略述他所受前人的影响，再论述他对后世的影响。

第一节 章学诚所受的影响

章氏自言是"浙东学派",上承王阳明,但钱穆很不以为然,他在《中国史学名著》中说:

章实斋自己说:他的学问属于"浙东学派",是直从阳明下来的……这一讲法,我并不认为很可靠。首先是阳明学派下边没有讲史的人,在整部《明儒学案》案中,只有唐荆川一人讲史学,可是他不是阳明学派里一重要的人。其次,章实斋《文史通义》所讲这一套,实也并未接着黄梨洲、全谢山一套来。

我很欣赏章实斋从学术史观点来讲学术,但他自认是浙东学派,从阳明之学来,这一点,我实不很欣赏。那么该问章实斋的学问究从哪里来?我想他特别是从《汉书·艺文志》来,又兼之以郑樵《通志》,而创出了章实斋讨论古代学术一项重大的创见。

章实斋何以能注意到当时人所并不注意的这两书,在我想,此与清廷编修《四库全书》一事有关。他因注意分类编目之事,而注意到郑樵《校雠略》与《汉书·艺文志》,而自居为阳明传统或浙东史学，则是不值我们认真的。

在《汉志》和郑樵之外，刘知几的《史通》，对章实斋的影响当也很大。至于章氏学问，虽未必从阳明之学来，但必受相当程度的影响。又如和他同时的戴震，对章氏的影响也很大。今分述于后。

一、《汉书·艺文志》

《汉书·艺文志》分为六略三十四种（类），每略每种之前，都有一段文字，剖析学术源流。如《诸子略》的道家小序：

道家者流，盖出于史官，历记成败、存亡、祸福、古今之道，然后知秉要执本，清虚以自守，卑弱以自持，此君人南面之术也。合于尧之克攘，易之嗛嗛，一谦而四益，此其所长也，及放者为之，则欲绝去礼学，兼弃仁义。曰独任清虚，可以为治。

又小说家的小序：

小说家者流，盖出于稗官。街谈巷语，道听途说者之所造也。孔子曰："虽小道，必有可观者焉。致远恐泥，是以君子弗为也。"

然亦弗灭也。闾里小知者之所及，亦使缀而不忘。如或一言可采，此亦刍荛狂夫之议也。

这便是"诸子出于王官"之说。章氏论诸子和群经的关系，很强调这一说法，20世纪30年代，引起甚大的争议。

其《校雠通义》，内篇第一节是《原道》，第二节就是《宗刘》，《汉书·艺文志》便出于刘向父子的《别录》和《七略》，也就是章氏所"宗"的。所以《通义·内篇》卷二、卷三所讨论的全是《汉志》，其别裁说和互著说，便是分析《七略》和《汉志》而得来的。

他对图书分类，一度主张回复到《七略》的六分法，把别集按内容分入诸子。后来自己又认为时移势易，四部之不能回复到《七略》，一如行楷不能回复到篆隶，迷途知返，总比执迷不悟好。

《汉志》对章氏的影响层面之大，可想而知。

二、刘知几

我们如今所看到的各种史学概论、史学方法、史学史，以及文学概论、文学方法、文学史、文学批评，这类著述，由来不算很久。

《汉志》以《五经杂议》附《孝经》类。《隋志》则把《白虎通》《五经异义》等附入《论语》。《旧唐志》始有经解、史评、文史等类。所著录的书，如《史通》《文心雕龙》等，都兼具概论、方法、史、批评的性质，成书时代，又都相去不远。此后便又少见这一类的著述。

刘知几的《史通》，实兼论文。其中《言语》《浮词》《叙事》《模拟》《书事》《烦省》《点烦》等篇，多有论文之处，其他各篇论文的文字也常见。大概刘氏去古未远，史学家多能文，所以会如此。

《文史通义》在书名上便包括"史通"二字在内，而刘知几既以《史通》名书，自不宜再用，因有若干篇专论文辞，遂加文字，而三字语气急促，名为《文史通义》，实和《史通》相近。

而章氏主张写通史，论文主简约，称谓主统一，莫不和刘氏一致，当受其影响。

章氏在《和州志·志隅自序》中说：

郑樵有史识而未有史学，曾巩具史学而不具史法，刘知几得史法而不得史意，此余《文史通义》所为作也。

章氏这段话很自负，认为超越了三家，实在也道出了其确定受到三家的影响。清粤雅堂本的《文史通义》，附有伍崇曜（实谭莹代撰）所写的跋，这篇跋说章氏也许可算是清代的刘子玄（知几字），所论很恰当。

239

三、郑樵

《文史通义》卷四有《申郑》篇，略云：

> 郑樵生千载而后，慨然有见于古人著述之源，而知作者之旨，不徒以词采为文，考据为学也。于是遂欲匡正史迁，益以博雅；贬损班固，讥其因袭。而独取三千年来遗文故册，运以别识心裁，盖承通史家风，而自为经纬，成一家言者也……
>
> 夫郑氏所振在鸿纲，而末学吹求，则在小节……
>
> 自迁固而后，史家既无别识心裁，所求者徒在其事其文，唯郑樵稍有志乎求义，而缀学之徒，嚣然起争之。然则充其所论，即一切科举之文词，胥吏之簿籍，其明白无疵，确实有据，转觉贤于迁固远矣。

可说推崇备至，而篇末对郑樵僻处寒陋，立论高远，不为浅学的人了解，以致妄加批评，把《通志》和《文献通考》相提并论，因而对郑樵深表同情，也未尝不有夫子自道之意。

《校雠通义》第六节是《补郑》，第十一节是《郑樵误校汉志》，其他各节，也颇引郑樵说。而郑樵在《通志》二十略中有《校雠略》，很以发前人所未发自诩。然七八百年间，几乎无人过问。仅明末焦竑《国史经籍志》所附纠谬部分曾提及，连同《校雠通义》，可说都是接续《校雠略》写成的，这才引起了后人注意，或模仿，或赓续，或评论，一时著述甚多，也同时论及郑樵的《校雠略》，旁及《艺文》《图谱》《金石》三略。

章氏可说是郑樵的诤友，也是功臣。

四、王守仁

钱穆先生认为章学诚的史学不出于王阳明，不过他在《中国史学名著》中又说：

（章实斋）说学问应该从自己性情上做起。他又说：他的学问从浙东、从王学来。王学就是讲性情的，讲我心之所好。他又说：他年轻时先生教他读训诂、考据书，他都不喜欢。待他读到史学，就喜欢。任何人做学问，都该在自己性情上有自得，这就开了我们学问之门，不要在外面追慕时代风气。

至少这也可看作章氏受王阳明的影响，而六经皆史也出于王学。

五、戴震

张尔田为嘉业堂本《章氏遗书》撰序，以戴震和王念孙的考据之学和章学对比，崇章而抑戴，然结尾仍承认这两学派相反而相成。不过却没有说明应如何相反相成。

余英时在《论戴震与章学诚》一书中，则把其中曲折，说得很详细。今节录于下：

清乾隆三十一年（1766），章氏二十九岁，初遇戴震，而感到考证方面的挑战，和义理方面的印证。

乾隆三十八年（1773）再晤戴震，对考证的挑战，已不再感到惭惕和寒心，而能批评戴震"经术淹贯，而不解史学"。而章氏因修方志，编纂《史籍考》，悟得"六经皆史"之说。这个观念是继顾炎武提出"经学即理学"后的一项最大的突破。章氏持以与戴震的由经明道之说相抗，认为戴震"经术淹贯，而不解史学"。如从识解与大义方面求索，也未始不能通于道。章氏悟得"六经皆史"，六经只是三代官师未分那一阶段中道的进程，不是道的全部。经学家考证训诂不足以通经，则其去道之远，可以想见。六经既不是道的全部，于是进而有文史不在道外之说，对韩愈宗经而不宗史，极为不满，因韩愈《原道》一文，以道在六经为邦本观念之一，章氏欲彻底摧破旧说，而代之以因史见道之论。进而说："六经皆史，而史不尽于六经。"然其后面所包含的具体意义必须通过章戴二氏的思想关系，才能显露出来。

从《文史通义》朱陆异同和浙东学术，可知朱子的道问学，仍然是尊德性中的道问学。到了清代，这问学已取代了尊德性的地位。章戴二氏虽也说尊德性，而这种尊德性只是道问学中的尊德性。清初儒学处于从尊德性转入道问学的过渡阶段，发展到戴章时，其道问学之含义始全出。但所以能把握到这一含义，则颇赖章氏的指点。他最善于辨识古今学术流变。故对于戴震及其本人在思想史上所处的地位都有深刻了解。他一方面奉戴震为治学的典范；另一方面又对戴震的论点加以发挥并予提高，使戴氏的学说适合自己的需要。

　　而其他当时的史学家，如邵晋涵、钱大昕等，和章氏往返既多，不时论学，固有相互影响。即使为章氏所讥评的袁枚、汪中等，在学术上似相反，也实有相同或相似之处。请参考第一章。

第二节　章学诚对后代的影响

章学诚本着不趋风气的主旨，在考据盛行的乾嘉时期，以其精识神解，提出一些独到的见识，其影响是多方面的。

一、学术思想

钱穆先生在《中国近三百年学术史》第九章说：

余观实斋并世，即如焦理堂、凌次仲之徒，虽称私淑东原，而议论与实斋相通者已不鲜。其后常州今文学起，治群经趋于《春秋》，旁及《周礼》，好言政制，而极于变法，训诂名物之风稍衰。而仁和龚自珍，著书亦颇剽窃实斋。时会转移，固非一端，而实斋平生论学，所谓力持风气之偏者，要不得谓非学术经世一效也。

钱先生的这段文字点出了章氏的思想对清代中晚期的几位大儒，

若焦循、凌廷堪、龚自珍等的影响。

就以经学方面来说吧，章氏的"六经皆史"说，虽仍承认六艺是后世一切学术的本源，但从某种程度来说，是把它们当作历史文献看的。这个观念对后世影响极大。今人对群经的看法正是沿袭其说的，现在已少有人做"以经明道"的工作了。而是把群经拆散了。《周易》归于哲学，《尚书》和《春秋》归于史学，《诗经》归于文学，三礼则是社会科学。譬如《诗》三百篇，只是文学史上先秦文艺的一个总集而已，和《楚辞》《汉魏乐府》《昭明文选》，以至《全唐诗》《全宋词》《全元曲》等量齐观。其他各经，也作如是观。

史学方面，章氏注重"通史"的想法，好像落空了，少有人能本着他的意旨去认真写通史。现代人写史，大都是断代史，即使有通贯几百年，或几千年的，也多是专史像思想史、史学史、文学史、科技史、社会史、经济史等，彼此之间缺乏联系。不过等到流弊显著时，相信会有人去整合它的。

章氏所强调的"著述"与"史料"之分，今人最不感兴趣，今人的著作中更是常误把"注记"当作"著述"。

现代学者（尤其是第二次世界大战之后）中，率不注重文辞，已成了世界性趋势。笔者在四十年前，听到一位通希腊文和拉丁文的意大利人说：他曾听过我国驻联合国首席代表蒋廷黻的英语演说，其语文造诣之高，在以英语为母语的资深职业外交官中也很罕见，但现代人已不重视此道了。所以《文史通义》中论文辞的部分，在现代中国也最受冷落。只有胡适曾在《章氏遗书》中，找到类似赞成白话诗的地方，引为同调而已。

纂修方志，是章氏的谋生之道，所以用力最久，而所重在义例。然人微言轻，不甚受人注意。可是也有些人采用他的主张去修志书，到了近年，对地方文献的看法，受西方影响，扩大了许多，如各项调查统计，留意实物和标本的搜集。而在文字和书面资料的处理上，很能重视章氏的说法，并加以补充、修订，从而建立了很有系统的方志学。

二、材料的收集和整理

《史籍考》散佚不传，自是章氏和我国史学上一大损失，后人虽屡次续修，都未能成书。如今恐怕很少人有这份学力与耐力从事这件工作。不过今人走的是另一条路，也就是编专门的书目，如文学史书目、法制史书目、美术史书目、科技史书目等，走的是窄而专的路，甚至小到与一部古书相关的书目都有人编，如《尚书》《史记》《庄子》《楚辞》《杜诗》，以至《红楼梦》书目。上焉者倒也可以在这一小天地中，做到"辨章学术，考镜源流"；下焉者则是乱抄一通，以多为胜。既遗漏了极重要的，也滥收了极不相干的，没有范围可言，外延和内涵，两无可取。至于分类，更是乱七八糟，书中所收的资料，自己都找不到。

校雠心法，是章氏很得意的地方，但引起的争议也最多。如近人杜定友所写的《校雠新义》，便全采西方的说法来否定我国旧说。其中有许多是针对章氏而发的。当然也有人就章氏说法加以扩充，如刘咸炘的《校雠述林》《续校雠通义》。

互著与别裁，所受非议最多，然后人不得不推许章氏阐发之功，且多引以与西洋编目法相参证。

三、为人

综观章氏在治学方面，他的精识神解，当时少有人能领会得到。后来虽渐有人留意，然仍受冷落，直到西风东渐，若干主张与之不谋而合，才受到重视，甚或大行其道。有的则无人理会，究竟是章氏的不幸，还是我们的不幸，且留待后人评断。

他久处穷困，却能发奋图强，这种精神，现代人中，不乏其例。

章学诚在学术上能不趋风气，执着自己的理想、抱负，始终努力不懈，以致生前倍感寂寞，却留下了若干足以永垂不朽的学说和著作，以沾溉后世，则是今人不易做到的。

第八章

后人对章学诚的批评

章氏的学术，既然对后世影响深远，那么后人对他也是褒贬互见，对他的批评也很多。琐细、笼统的批评，散见各家文集、笔记以及报章杂志中，今不赘述。至于对史学、校雠、方志等某一方面的批评，已散见各章，也不再重复，这里只撮述张尔田、钱穆、刘声木、余嘉锡四家，对他的综合性批评，并就鄙见所及酌加按语。

第一节　张尔田

1922年，吴兴刘承幹嘉业堂校刊《章氏遗书》，先是1921年，张尔田撰有《章氏遗书·序文》，略述乾嘉时的学术，而主要是将章氏学术和戴震、王念孙一派，作一比较。

章氏当举世多沉溺于训诂、音韵、名物、度数等考证工作的时候，已忧虑到学术的根基动摇了。然而世人专学休宁戴震、高邮王念孙、王引之父子从事考据工作，从各方面批评章学诚。综合世人对先生的诟病，有下述五项：

（一）戴王那一学派，著书都凭证据，只要得到一条孤证，别人就无从批评他，而不必过问全书的宗旨如何。如果说不通了，就说这是古人用的引申或假借的方式；还说不通，就说这段文字有错简或是多出了几个字来迁就他的说法。可是先生为学的方法，则每创立一项义例，都要把群书中各家所探讨的结论，融会贯通了，再说出米。所以先生做学问的方法是拙的，而戴王的方式是巧的。只是人心都是喜巧而厌拙的。

（二）戴王一派，多用眼读，而少用心去思索。只要有几十种古代的类书、字学方面的文献资料，<u>查查抄抄</u>，一天便可以得到三四条的结论。而先生所创立的义例，要从那些最隐微的地方去搜寻探索，有些是经过好多年，甚至好几十年，才能得出一个结论。而这些结论，又常是某些人想说而说不出的，故别人看他跟一般人所想的差不多。所以为先生之学的很困难，为戴王之学的较容易。只是人心都是趋易而避难的。

其实多年思索和空想所得的结论，可能相似，但这一思索历程，在治学上便极可贵。而且学问境界的进展是很奇妙的——从看山是山，经过看山不是山，再到看山是山，每个阶段所看的山，在层次上实大有差别。

（三）戴王一派，严禁暗中采用他人的说法，而必须引据原文，并交代出是出于哪一人的说法。从前看到时贤研究经学的书，都是王引之说，或段玉裁之说。不这样，大家便认为他太浅陋了，连段、王的说法都没有留意到。而先生就不如此了，有些是隐括他人文字而成的，也有不必隐括他人文字。而是赞成他人的说法，并不加以引用出来，说这是对的；反对的，也不引出来说这是错的。只是看结论是否合于大义，要四海之内，人人都会加以认同。大家都以为跟着先生一路做学问的话，则写出的文章是简约的；跟着戴王一路做学问的话，写出的文章是广博的，人心都崇尚广博而轻视简约的。

（四）为戴王之学的，在疏通证明各家的说法来求得正确的结果，每解说一个字，说明一个音训，不论说得简约或是繁冗，所说一定得有根据。而为先生之学，则所指示的方法途径，无所不在。有的只略引出一个端绪，等待好学深思的人，自己去做深入探讨。也有人把圈子拉得很大，做一些看来广泛而并没有针对问题的譬喻，需要我们自行从各种著述中去验证而后才能得出确切的答案。虽然在细节上不免有疏略的地方，所引据的材料，也许有错误。而在大体上，却并无害。所以为先生之学，像是虚而不实，而为戴王之学，则是字字征实。只是人心都是怕虚而夸实的。

（五）还有最可怪的事。为戴王之学的，宗尚墨守成说，开创这一派的学者还好，因为他们总还能从大处着眼，但几经传授，精力都耗损在许慎《说文》、郑玄群经注释的琐屑考订上，就无法顾到古人的大义微言了，以至于找些打着佞守程朱旗号的宋儒的浅陋说法，援引以自重，觉得我也抓到微言大义了。而为先生学的，则务求矫正当世俗说，采寻其本源，而通于大道。所以在当时举世都鄙弃的郑樵，大家都诋毁的陆九渊和王守仁，先生则时常称道。先生以不立门户来救党同伐异之弊，而守门户之见的人却认为他有门户之见；以不倡邪说来破除邪说，而那些不能领悟高明见识的人，却以为他的学说是邪说。所以为先生之学的，反对当时错误的风尚习气；而治戴王之学的，则顺应当时偏好训诂、考据的风气，而忽略了大道。背逆时尚的人，大家都不愿随从；而顺应时潮的人，门徒就多了。

以上所说的五点，渐成了风气，所以章氏的书就不可能显赫于当时了。可是研究学问，总得有人精细地治理其中一小部分，也得有人总揽全局，看似相背，其实相成。有如提起皮裘，先生是提着领子，戴王一派则理顺了毛。为先生之学，而不以戴王一派精密征实的功夫来辅佐，凭空去想，容易堕入便词巧说之弊。同样的，为戴王一派之学，如果没有济之以先生之学，则六艺的根源，学术的本干必然全亡，开始时可能会把古人之学当成荒田，接下去便要当作祭祀时的刍狗了。以刍狗为学，那么我国的学术，真可以"拉杂摧烧之"了。

张序就章氏笼罩全局的学术思想，和戴王一派言必有征、细密考证的功夫，分五项一一加以比较。而戴王的训诂考据工作，切合时尚，蔚为风气。章氏曲高和寡，便备受冷落，这一点，把章氏不趋风气，而欲卓然自立，以成一家之言的精神，充分表示出来。如能起章氏于地下，一定引为知音。然张氏对戴王一派训诂考证的长处，也很公正地说出，以相对照，而以两派相反而实相成作结，不失为平情之论。

第二节　钱穆

钱先生一生尽力于史学，书读多了，对文辞也自有其心领神会之处。

钱先生的《中国史学名著》末两篇论《文史通义》，极其推崇章氏，节录如下：

讲中国古代学术，章实斋有极大创见，可说从来讲学术流变没有讲到这一方面去，而他是根据了《汉书·艺文志》，在大家读的材料中，发明出大家没有注意的见解来，此实难能可贵。

章实斋的贡献特别在他讲学术史方面，章实斋自己没有写过有关历史的书，只写了些地方志，虽亦有关史学，但究已是史学旁枝，所以我说章实斋所贡献最大处应在讲学术史方面。

章实斋讲历史有一更大不可及之处，他不站在史学立场来讲史学，而是站在整个的学术史立场来讲史学，这是我们应该特别注意的。也等于章实斋讲文学，他也并不是站在文学立场来讲文学，而是站在一个更大的学术立场来讲文学。这是章实斋之眼光卓特处。

《汉书·艺文志》只是《汉书》的一卷，是西汉皇家藏书的简目，一千多年来，看过《汉志》的人太多了，可是章氏能从中领悟到学术史在"辨章学术，考镜源流"。而且以前的学术史，如各史的儒林传、文苑传，佛教的《传灯录》，宋代理学家的语录，都是一个人、一个宗派的学术史。至于《伊洛渊源录》《宋元学案》《明儒学案》等，也只是一派、一朝的学术史，不足以了解中国学术史变迁。章氏则从《汉志》下探，贯通古今，不分宗派，以求其全貌。所以钱先生说他难能可贵，眼光卓特，为人所不及。

钱先生又述说章氏"六经皆史"本意，史书中记注和撰述的分别所在，推崇纪事本末的深意，史德的真义，天人之际和"尽其天而不益以人"解释、申郑的卓识，对校雠和方志的贡献。

至于章氏的缺失，钱先生也有批评：

我很欣赏章实斋从学术史观点来讲学术，但他自认为他是浙东学派，从阳明之学来，这一点，我实并不很欣赏。那么该问章实斋的学问究从哪里来？我想他特别从《汉书·艺文志》来，又兼之以郑樵《通志》，而创出了章实斋讨论古代学术的一项重大创见……而自居为阳明学派或浙东史学，则是不值我们认真的。

钱先生这段话说得很重，章氏论校雠在"辨章学术，考镜源流"，却连他自身的学术源流也没有弄明白，其间原因不外是：

（一）真的弄错了；（二）有意地移花接木，也许可以用"不识庐山真面目，只缘身在此山中"来解嘲。

钱先生又说：

他又有一条说："整辑排比谓之史纂，参互搜讨谓之史考，皆非史学。"这也把史学看成太狭义，史纂、史考究也该是史学，只是不该只知纂辑搜讨，而不知有专家之独断，更是在史学之深处。但就今日学风言，则章氏之说实是发人深省。

钱先生又举胡适、梁启超等在学术史上的造诣，都不足以和章氏相比，可说推崇备至。偶尔也指陈其缺失，也都或轻描淡写，或加以开脱。

第三节　李慈铭

在史学义例方面攻击章氏的不多，而多在其考证错误上着笔，因为这一方面，章氏也自承非其所长；虽非所长，但还是得列举事实，不能"离事而言理"。李慈铭在清末，最好批评人物，其日记所论章氏各节，或并无实证，或并没有能力理解章氏书。

李慈铭《越缦堂日记》，清同治己巳（1869）三月十二日论章氏的学术，略说：

章氏对方志学用力很深，实在是专家，然而太过于自信，喜用自创的法子。曾说作史修志，需要别有宗旨，自开境界，这固然可以为平庸的人下针砭，而其流弊在穿凿附会，鲁莽灭裂，全变了古法，终于堕入宋明腐儒师心自用之学。

他说：章氏识见有余而学力不足，才又更差。所以他的长处在辨别体裁，综核名实，无所依傍，自成家法。短处在读书鲁莽，轻易批评古人，不能明是非，探究什么是正，什么是变。好持高论，全凭胸臆论人短长。好为标新立异，动辄拿"道"或"宗旨"来压人，而不知自己正陷于学究不明是非之境。后来一些不学之士，对他的说法一知半解，认为其高而奇。于是说汉以后没有好的史书，唐以后没有好的文章。秉持着空虚油滑的谈论，想超越百家；贬抑千古学说，还自认为是绝学，实在是一无所知，岂不是大愚而可哀吗！

大致浙东学者，识力高而好自用，往往别立门户，而其缺点在"妄"。浙西则途轨正而好依傍他人，往往拾取一些琐细的资料，缺点在"陋"。

章氏论史，尊郑樵而鄙薄班固；论学以马端临的《通考》为浅俗，论文以韩愈为不知义法，而尤诋毁王安石。论校雠则说当取大小戴记，依类分编到各部，有如《汉书·艺文志》把《夏小正》《弟子职》《小尔雅》裁篇别出之例，甚至说《周易》的上下经和十翼，也应裁篇分载，都极错误。

论本朝各省，应以总督、巡抚部院标目，不当以布政司标目。又当称各省为各统部，和洪亮吉力辩。他所撰的《湖北省志》，于是称为《湖北统部志》，则是不古不今，不知遵循哪一代的制度。可说是文理不通。至于和戴震争辩，说方志应当以人物为重，不在考核疆域的沿革，实不明本末。

给邵晋涵的信中，讥邵氏对文辞漫不留意，于立言宗旨无所发明。又说要修宋史，成一家言，当是要拿维持宋学作为立说所在。又说《周礼》本来分别师儒，师是后来的道学，儒是后来的儒林，故《宋史》道学、儒林分别立传是对的。这些话都违背了人的本性。

李慈铭把章氏批评得一无是处，然所论章氏修史修志须别有宗旨为鲁莽灭裂，实未能领会到章氏的宗旨。李氏说的"凭臆进退，矜己自封"，恰可以送给李慈铭自己。

张舜徽的《清人文集别录》论李慈铭说："于经史小学，皆无所长，一生又好雌黄，不轻许可，终不免文士陋习。"实很平允，他信口雌黄，实无损于章氏。

第四节　余嘉锡

余嘉锡《论学集》有《书章实斋遗书后》，论章氏的学术，大略说：

《文史通义》深思卓识，固然有过人之处。可惜读书不够博，立言便不能无失。如《内篇·卷二·古文公式》说明苏轼的《表忠观碑》全录赵抃的奏议，但赵抃请修表忠观原奏，苏轼改篇首加"臣抃言"，篇末用"制曰可"三字，章学诚讥苏轼，不如改用《尚书》里的"岳曰于"或"帝曰俞"更古雅，余嘉锡笑章氏不知唐宋人上表，无不称"臣某言"，下到明清，还沿用这一方式。章氏自己不知这个成例，而随意讥刺苏轼，是无理取闹。

《文史通义·内篇》是章氏生平精力所注，而且每成一篇，辄就正于通人，请其商榷改定，所以引证还没有大错。然而考核不免粗疏，持论有时近于偏僻。外篇和文集，更加自负，错误更多，又比不上内篇了。

余氏又说：《校雠通义》最有名，然说对了的只有十分之二三，错了的却有六七成。连《七略》《别录》，见于各书所引的佚文，都不肯去考索，却侈言论刘向等《别录》《七略》和班固《汉书·艺文志》的义例，所以多似是而非。我别有承正。（按：余氏有《目录发微》，对《别录》《汉志》和《校雠通义》等，多有论说。）

至于其他杂著，征引群书，往往很普通、常见的书都不知考著，所以写出来有很可笑的，可知他读书也太鲁莽灭裂了。今举出几条最错的例子：

章氏文中常用"何许语"，以为意思是"何等语"。古人用何许，都是何所的意思，没有当作如何、何等用的。流俗人误读《五柳先生传》"先生不知何许人也"，以为是不知何等人，章氏也习而不察了。

《文集·外篇·卷二·华佗墓诗》，把《三国演义》当作《三国志》，而且连演义所记的事也弄错了。章氏平生专讲文史义法，不应犯这类错误。

《遗书·外篇·卷一·信摭》，引《汉书·艺文志》而删去几字，因而误以为《周易》"无咎悔亡，古别为篇"，更进而疑二经十传之说不确。章氏讲刘、班义例却如此乱说，其校雠之学，便可想而知了。

《文史通义·外篇·卷二·乙卯札记》，云曾记《通鉴·长编》载贾似道事。事实上宋人续《通鉴》的虽有多家，但名字叫"续长编"的只有李焘所编撰的那一部，李书成于孝宗时，不可能知道后来的贾似道。

又《卷三·丙辰札记》，以为刘知几所习是孔安国真古文，在唐初还有。其实真古文早就亡于魏晋，梅赜所献《古文孔传》，东晋时已立博士，梁蔡大宝等为之作疏，陈陆德明作音义，贞观十六年（642）孔颖达奉诏作《正义》。而刘知几生于龙朔年（661），所读就是枚传孔疏的本子，章氏说真《古文尚书》唐初还在，是不经之论。

《丙辰札记》又云："桑弢甫集有谣鉴序，内有'后夔娶元妻而不祀'语，不可解，俟考。"余民案云："事见《左传》昭公二十八年。"《汉书·古今人表》也有"后夔玄妻"，连五经三史所记的事，还需俟考吗？

又误以为李延寿是李百药的儿子。大致因为李百药的《北齐书》，用其父德林的《齐史》重修而成。章氏恍惚记其父子修史，才有了这样错误。不留心史事而空说史法，一定会有这类流弊的。

《外编·卷四·知非日札》，认为唐仲友与朱子不和，元人修《宋史》，遂不为仲友立传。宋濂作《唐氏补传》，可见公论终不泯灭。章氏又说《宋史》补《后周臣子韩通传》，史家很赞同，但宋濂修《元史》却不以唐仲友补宋之缺，是不合史例的。

余嘉锡认为章氏为仲友抱不平，是受《四库提要》的影响。而要为仲友在《元史》中补传，有如儿童之见。因为：

（一）仲友乃宋孝宗朝人，在世时蒙古还未立国，地域上相去万余里，时间上相距百余年。

（二）史臣为韩通等立周臣传，明言在表彰忠义，而且韩通

263

等三人的生死，关系到兴朝的存败，如同项羽被见灭于汉高祖，刘繇被逼于孙策。载入后一朝的史书，是有前例的。这是仲友所不能比的。

（三）仲友之为人，正因为朱子所劾，周密和宋濂因都是金华同乡而极力为他平反，才引起人注意。就学问、文章、政事来说，像仲友这样的人，《宋史》不立传的不知有多少，譬如陆心源作《宋史翼》，有四十卷之多，多是补《宋史》未备的，也能全补进《元史》吗？

（四）章氏又引两汉书地理、舆服志为例，尤其强词夺理。

章氏所论史法，虽然也有些地方乖僻不近情理，却没比这一节再荒谬的了。

以上所举，都是习见的书，平常的道理。然而事理一定要考证才会明白，典故要查寻才能得出，既然不是章氏所长，也就不苛责了。

他在家书中说：我读古人文字，高明有余，沉潜不足。所以对训诂考证，多所忽略，而独到的精辟见解，能窥前人所未看到的地方。他这段话，如人饮水，冷暖自知，并未自讳其所短。毛病出在后人过分尊崇章氏，编遗集不知选择。他论《刻文集》说：文章和学问，善取不如善弃，天地之大，人所能知的，必赶不上不知不能的多，所以有志于不朽之业的人，审度自己所短而不用，比发挥自己所长还要重要。又说：《随笔札录》有待日后参订，等累积多了，心中有了定见，再贯串前后，删去不合和不定的部分，慎取而约收，便可无愧于顾氏的《日知录》了。余嘉锡说：诗不是章氏所长，吊华佗诗便不应收。《随笔札录》未经章氏删定，可以不刻，刻了也应严加删削。既刻了我不加纠正，人人也都知道这些错误，所以我写了出来，让大家知道读书不可不熟，下笔不可不慎。

余氏嘉锡有《四库提要辩证》二十四卷，四百九十篇，所辩多能切中提要的错误，也是"辨章学术，考镜源流"的一途。余氏对章氏论及《四库全书》所收各书的地方，少加征引，因为辩证重在考据，章氏并不擅长。而余氏的《目录学发微》，则对章氏的校雠理论，时有讨论。

这篇书后，对章氏考证的疏失，痛加指陈，但所考皆确然有据。最后却以考据非章氏所长，而读书笔记未经论定，后人编章氏遗书随意收入，也要负责任。不仅是平情之论，而且还有恕辞。必须本着这种态度，才足以知人论事。试把李慈铭日记中的论调，跟余氏的说法比较一下，学养的高下，便很明显了。

要想真正认识章氏的为人治学，最好也最切实的方法，便是读章氏的遗书，由自己下断语。他人的说法，只能做参考罢了。

內篇一

易教上

會稽章學誠　實齋著

六經皆史也古人不著書古人未嘗離事而言理六經皆先王之
政典也或曰詩書禮樂春秋則既聞命矣易以道陰陽願聞所以
為政典而與史同科之義焉曰聞諸夫子之言矣夫易開物成務
冒天下之道知來藏往吉凶與民同患其道蓋包政教典章之所
不及矣象天法地是興神物以前民用其教蓋出政教典章之先
矣周官大卜掌三易之法夏曰連山殷曰歸藏周曰周易各有其
象與數各殊其變易與占不相襲也然三易各有所本大傳所謂
庖犧神農與黃帝堯舜是也歸藏本庖犧連山本神農周易本黃帝
特三王不相襲三皇五帝亦不相沿矣蓋聖人首出御世作新視

易教上

六经皆史也。古人不著书；古人未尝离事而言理，六经皆先王之政典也。或曰：《诗》《书》《礼》《乐》《春秋》，则既闻命矣；《易》以道阴阳，愿闻所以为政典，而与史同科之义焉。曰：闻诸夫子之言矣，"夫《易》开物成务，冒天下之道。""知来藏往，吉凶与民同患。"其道盖包政教典章之所不及矣。象天法地，"是兴神物，以前民用"①，其教盖出政教典章之先矣。

《周官》太卜"掌三《易》之法，夏曰《连山》，殷曰《归藏》，周曰《周易》"②，各有其象与数，各殊其变与占③，不相袭也。然三《易》各有所本，《大传》所谓庖羲、神农与黄帝、尧、舜是也④。(《归藏》本庖羲，《连山》本神农，《周易》本黄帝⑤。) 由所本而观之，不特三王不相袭，三皇五帝亦不相沿矣。盖圣人首出御世，作新视听，神道设教⑥，以弥纶⑦乎礼乐刑政之所不及者，一本天理之自然；非如后世托之诡异妖祥，谶纬术数⑧，以愚天下也。

夫子曰："我观夏道，杞不足征，吾得夏时焉；我观殷道，宋不足征，吾得坤乾焉。"⑨夫夏时，夏正书也；坤乾，《易》类也。夫子憾夏、商之文献无所征矣，而坤乾乃与夏正之书同为观于夏、商之所得，则其所以厚民生与利民用者，盖与治历明时⑩，同为一代之法宪，而非圣人一己之心思，离事物而特著一书，以谓明道也。夫悬象设教⑪与治历授时，天道也；《礼》《乐》《诗》《书》与刑、政、教、令，人事也。天与人参，王者治世之大权也。韩宣子之聘鲁也，观书于太史氏，得见《易》象、《春秋》，以为周礼在鲁。⑫

夫《春秋》乃周公之旧典，谓周礼之在鲁可也。《易》象亦称周礼，其为政教典章，切于民用而非一己空言，自垂昭代⑬而非相沿旧制，则又明矣。夫子曰："《易》之兴也，其于中古乎！作《易》者，其有忧患乎！"⑭顾氏炎武尝谓：《连山》《归藏》不名为《易》，太卜所谓三《易》，因《周易》而牵连得名。⑮

今观八卦起于伏羲，《连山》作于夏后，而夫子乃谓《易》兴于中古，作《易》之人独指文王，则《连山》《归藏》不名为《易》，又其征矣。

或曰：文王拘幽，未尝得位行道，岂得谓之作《易》以垂政典欤？曰：八卦为三《易》所同，文王自就八卦而系之辞。商道之衰，文王与民同其忧患，故反复于处忧患之道而要于无咎，非创制也。武、周⑯既定天下，遂名《周易》而立一代之典教，非文王初意所计及也。夫子生不得位，不能创制立法以前民用，因见《周易》之道法，美善无可复加，惧其久而失传，故作《象》

《象》《文言》诸传以申其义蕴[17]，所谓"述而不作"[18]，非力有所不能，理势固有所不可也。

后儒拟《易》，则亦妄而不思之甚矣。彼其所谓理与数者，有以出《周易》之外邪？无以出之，而惟变其象数法式，以示与古不相袭焉；此王者宰制天下，作新耳目，殆如汉制所谓色黄数五[19]，事与改正朔而易服色者为一例也。[20]扬雄不知而作，则以九九八十一者变其八八六十四矣。[21]后代大儒，多称许之，则以其数通于治历，而蓍揲[22]合其吉凶也。夫数乃古今所共，凡明于历学者皆可推寻，岂必《太玄》而始合哉！蓍揲合其吉凶，则又阴阳自然之至理，诚之所至，探筹钻瓦[23]，皆可以知吉凶，何必支离其文，艰深其字，然后可以知吉凶乎！《元包》[24]妄托《归藏》，不足言也。司马《潜虚》[25]，又以五五更其九九，不免贤者之多事矣。故六经不可拟也，先儒所论，仅谓畏先圣而当知严惮耳；此指扬氏《法言》[26]、王氏《中说》[27]，诚为中其弊矣。若夫六经，皆先王得位行道，经纬世宙之迹，而非托于空言，故以夫子之圣，犹且述而不作。如其不知妄作，不特有拟圣之嫌，抑且蹈于僭窃王章[28]之罪也，可不慎欤！

【注释】

① 以上引文均见《周易·系辞》。

② 见《周礼·春官·大宗伯·太卜职》。

③ 《周礼·春官》，贾疏说，连山易"其卦以纯艮为首，艮

为山，山上山下，是名连山"。归藏易"以纯坤为首，坤为地，故万物莫不归而藏于中，故名为归藏也"。周易"以纯乾为首，乾为天，天能周帀于四时，无所不传。故名易为周也"。又《周礼》说三易"其经卦皆八，其别皆六十有四"。郑注："三易卦别之数亦同，其名占异也。"贾疏："占异者，谓连山归藏占七八，周易占九六。"章说本此。

④ 大传即《周易·系辞》。《系辞》下有"庖羲氏没，神农氏作；神农氏没，黄帝、尧、舜作"语。

⑤ 关于三《易》的来源，古代有两种传说。一、认为烈山氏（神农）得河图，夏人因之曰连山；归藏氏（黄帝）得河图，殷人因之曰归藏；伏羲氏得河图，周人因之曰周易。《论衡·正说》篇，三国时姚信《易》注及皇甫谧《帝王世纪》均主此说。二、认为伏羲氏得河图，夏后氏因之曰连山；黄帝氏得河图，商人因之曰归藏；烈山氏得河图，周人因之曰周易。《山海经》及杜子春《周官注》均主此说。却从没有以归藏本庖羲、周易本黄帝的。章氏此说乃记忆之误。

⑥ 《周易·观卦·彖辞》："圣人以神道设教而天下服矣。"

⑦ 弥纶语本《周易·系辞》"弥纶天地之道"，包罗的意思。这里也可当作补充的意思。

⑧ 谶纬术数，汉朝以后方士依傍六经而造作的迷信书籍和方术。

⑨ 见《礼记·礼运》。杞是夏代之后，宋是殷代之后，征，

证明。夏时，夏代的历法；坤乾即归藏易。

⑩ 治历，制定历法。明时，分清四季。

⑪ 《系辞》上："圣人设卦观象，系辞焉而明吉凶。"悬象设教，是说利用卦象来立教。

⑫ 见《左传·昭公二年》。韩宣子名起，晋国之卿。太史，掌晋图书的官。

⑬ 昭代，指当代。

⑭ 见《系辞》下。相传文王被商纣拘囚在羑里而演周易，所以说"作易者其有忧患乎"。

⑮ 见顾炎武《日知录·卷一三·易》。

⑯ 武、周，周武王和周公。

⑰ 《史记·孔子世家》："孔子晚而喜《易》，序《彖》《系》《象》《说卦》《文言》。"

⑱ 见《论语·述而》。

⑲ 汉武帝时，司马迁、兒宽等均从贾谊之说，以汉为土德，色尚黄，数用五。

⑳ 历代改朝换代之初，都要改正朔，易服色，表示不相沿袭。正朔有三：周为天正，色尚赤，以十一月为岁首；殷为地正，色尚白，以十二月为岁首；夏为人正，色尚黑，以正月为岁首。

㉑ 扬雄模仿《易经》作《太玄经》，太玄从一玄分为三方，每方又分为三州，每州分为三部，每部又分为三家，所以共有九九八十一家。《太玄》中的八十一首，就像《易经》的六十四卦。

㉒ 著揲，即卜筮。著是卜筮时所用的草，揲是逐次把著草拿出四条，到最后剩下若干条作为阴阳数。

㉓ 筹，竹签。瓦，瓦片。《周官·太卜》有"瓦兆"，后世巫师击瓦，观其纹理以卜吉凶叫"瓦卜"。

㉔ 《元包》，是后周卫元嵩所撰。体系颇近《太玄》，以坤为首。所以说他"妄托《归藏》"。

㉕ 《潜虚》，是宋司马光所撰，也是模仿《太玄》，但以五行为本，五五二十五，两之得五十章，像《太玄》之八十一首。

㉖ 扬雄撰《法言》十三篇，文辞模仿《论语》。

㉗ 《中说》十卷，旧题隋王通撰，模仿《论语》。

㉘ 王章，帝王的典章。

原道上

"道之大原出于天"①，天固谆谆然命之乎？曰：天地之前，则吾不得而知也；天地生人，斯有道矣，而未形也；三人居室，而道形矣，犹未著也；人有什伍而至百千，一室所不能容，部别班分，而道著矣。仁、义、忠、孝之名，刑、政、礼、乐之制，皆其不得已而后起者也。

人生有道，人不自知，三人居室，则必朝暮启闭其门户，饔飧②取给于樵汲，既非一身，则必有分任者矣，或各司其事，或番易其班，所谓不得不然之势也，而均平秩序之义出矣。又恐交委而互争焉，则必推年之长者持其平，亦不得不然之势也，而长幼尊卑之别形矣。至于什伍千百，部别班分，亦必各长其什伍而积至于千百，则人众而赖于干济③，必推才之杰者理其繁，势纷而须于率俾④。必推德之懋者司其化，是亦不得不然之势也。而作君作师，画野分州，井田封建学校之意著矣。故道者，非圣人智力之所能为，皆其事势自然，渐形渐著，不得已而出之，故曰"天"也。

《易》曰："一阴一阳之谓道。"是未有人而道已具也。"继之者善，成之者性"⑤，是天著于人而理附于气，故可形其形而名其名者，皆道之故而非道也。道者，万事万物之所以然，而非万事万物之当然也；人可得而见者，则其当然而已矣。人之初生，至于什伍千百，以及作君作师，分州画野，盖必有所需而后从而给之，有所郁而后从而宣⑥之，有所弊而后从而救之，羲、农、轩、顼⑦之制作，初意不过如是尔。法积美备，至唐、虞而尽善焉；殷因夏监，至成周而无憾焉⑧。譬如滥觞⑨积而渐为江河，培塿⑩积而至于山岳，亦其理势之自然，而非尧、舜之圣，过乎羲、轩，文、武之神，胜于禹、汤也。后圣法前圣，非法前圣也，法其道之渐形而渐著者也。三皇无为而自化，五帝开物而成务，三王立制而垂法，后人见为治化不同有如是尔。当日圣人创制，则犹暑之必须为葛，寒之必须为裘；而非有所容心，以谓吾必如是而后可以异于圣人，吾必如是而后可以齐名前圣。此皆一阴一阳往复循环所必至，而非可即是以为一阴一阳之道也。一阴一阳往复循环者，犹车轮也；圣人创制，一似暑葛寒裘，犹轨辙也。

道有自然，圣人有不得不然，其事同乎？曰：不同。道无所为而自然，圣人有所见而不得不然也。圣人有所见，故不得不然；众人无所见，则不知其然而然。孰为近道？曰：不知其然而然，即道也；非无所见也，不可见也。不得不然者，圣人所以合乎道，非可即以为道也。圣人求道，道无可见，即众人之不知其然而然，圣人所借以见道者也。故不知其然而然，一阴一阳之迹也。学于圣人，斯为贤人；学于贤人，斯为君子；学于众人，斯为圣人。非众可学也，求道必于一阴一阳之迹也。自有天地，而至唐、虞、夏、商，迹既多而穷变通久⑪之理亦大备。周公以天纵生知之圣，而适当积古留传、道法大备之时，是以经纶⑫制作，集千古之大成，则亦时会使然，非周公之圣智能使之然也，盖自古圣人，皆学于众人之不知其然而然，而周公又遍阅于自古圣人之不得不然，而知其然也。周公固天纵生知之圣矣；此非周公智力所能也，时会使然也。譬如春、夏、秋、冬各主一时，而冬令告一岁之成，亦其时会使然，而非冬令胜于三时也。故创制显庸⑬之圣，千古所同也；集大成者，周公所独也。时会适当然而然，周公亦不自知其然也。

孟子曰："孔子之谓集大成。"⑭今言集大成者为周公，毋乃悖于孟子之指欤？曰：集之为言，萃众之所有而一之也。自有天地而至唐、虞、夏、商，皆圣人而得天子之位，经纶治化，一出于道体之适然；周公成文、武之德，适当帝全王备，殷因夏监，至于无可复加之际，故得借为制作典章，而以周道集古圣之成，斯乃所谓集大成也。孔子有德无位，即无从得制作之权，不得列于一成，安有大成可集乎？非孔子之圣逊于周公也，时会使然也。孟子所谓集大成者，乃对伯夷、伊尹、柳下惠而言之也。⑮恐学者疑孔子之圣与三子同⑯，无所取譬，譬于作乐之大成也。故孔子大成之说，可以对三子，而不可以尽孔子也；以之尽孔子，反小孔子矣。何也？周公集羲、轩、尧、舜以来之大成，周公固学

276

于历圣而集之，无历圣之道法，则固无以成其周公也。孔子非集伯夷、尹、惠之大成，孔子固未尝学于伯夷、尹、惠；且无伯夷、尹、惠之行事，岂将无以成其孔子乎？夫孟子之言，各有所当而已矣；岂可以文害意乎！

　　达巷党人曰："大哉孔子！博学而无所成名。"[17]今人皆嗤党人不知孔子矣；抑知孔子果成何名乎？以谓天纵生知之圣[18]，不可言思拟议，而为一定之名也，于是援天与神，以为圣不可知而已矣，斯其所见，何以异于党人乎！天地之大可一言尽[19]，孔子虽大，不过天地，独不可以一言尽乎！或问：何以一言尽之？则曰：学周公而已矣。周公之外别无所学乎？曰：非有学而孔子有所不至；周公既集群圣之成，则周公之外更无所谓学也。周公集群圣之大成，孔子学而尽周公之道，斯一言也，足以蔽孔子之全体矣。"祖述尧、舜"，周公之志也；"宪章文、武"[20]，周公之业也。一则曰"文王既没，文不在兹"；再则曰"甚矣吾衰，不复梦见周公"[21]，又曰"吾学《周礼》，今用之"[22]；又曰"郁郁乎文哉，吾从周"[23]；哀公问政，则曰"文、武之政，布在方策"[24]；或问"仲尼焉学"，子贡以谓"文、武之道，未坠于地"[25]。"述而不作"[26]，周公之旧典也；"好古敏求"，周公之遗籍也。党人生同时而不知，乃谓无所成名，亦非全无所见矣；后人观载籍，而不知夫子之所学，是不如党人所见也，而犹嗤党人为不知，奚翅百步之笑五十步乎[27]！故自古圣人，其圣虽同，而其所以为圣，不必尽同，时会使然也。惟孔子与周公，俱生法积道备无可复加之后，周公集其成以行其道，孔子尽其道以明其教，符节圆合，如出于一人，不复更有毫末异同之致也。然则欲尊孔子者，安在援天与神，而为恍惚难凭之说哉！

或曰：孔子既与周公同道矣，周公集大成，而孔子独非大成欤？曰：孔子之大成，亦非孟子所谓也。盖与周公同其集羲、农、轩、顼、唐、虞、三代之成，而非集夷、尹、柳下之成也。盖君师分而治教不能合于一，气数之出于天者也。周公集治统之成，而孔子明立教之极，皆事理之不得不然，而非圣人异于前人，此道法之出于天者也。故隋唐以前，学校并祀周、孔，以周公为先圣，孔子为先师，盖言制作之为圣，而立教之为师。故孟子曰："周公、仲尼之道一也。"㉘然则周公、孔子，以时会而立统宗之极，圣人固藉时会欤？宰我以谓夫子"贤于尧、舜"，子贡以谓"生民未有如夫子"，有若以夫子较古圣人，则谓"出类拔萃"，㉙三子皆舍周公，独尊孔氏。朱子以谓事功有异，是也。然而治见实事，教则垂空言矣。后人因三子之言，而盛推孔子，过于尧、舜，因之崇性命而薄事功，于是千圣之经纶，不足当儒生之坐论矣。(伊川论禹、稷、颜子，谓禹、稷较颜子为粗。朱子又以二程与颜、孟切比长短。盖门户之见，贤者不免，古今之通患。)夫尊夫子者，莫若切近人情。不知其实，而但务推崇，则玄之又玄，圣人一神天之通号耳，世教何补焉？故周、孔不可优劣也，尘垢秕糠，陶铸尧、舜，庄生且谓寓言，曾儒者而袭其说欤？故欲知道者，必先知周、孔之所以为周、孔。

【注释】

① 用汉董仲舒贤良对策语。

② 饔飧，指饭食。饔，早饭；飧，晚饭。

③ 干济，有才干能办事。

④ 率俾，服从。《尚书·君奭》"罔不率俾"。

⑤ 见《周易·系辞》。

⑥ 郁，积塞。宜，疏通。

⑦ 伏羲、神农、轩辕、颛顼。

⑧ 殷因，因袭殷朝的一些制度；夏监，借鉴夏朝制度的得失。《论语·为政》："周因于殷礼，所损益可知也。"又《八佾》："周监于二代。"

⑨ 滥，浮；觞，酒杯。河水发源处，水流很小，可以浮着酒杯，不致冲走，所以称为滥觞。

⑩ 培塿，小土堆。

⑪ 《周易·系辞下》："穷则变，变则通，通则久。"

⑫ 经纶，经营规划的意思。

⑬ 显庸，即显用。《国语·周语》："以创制天下，自显庸也。"

⑭ 见《孟子·万章下》。

⑮ 《孟子·万章下》："伯夷，圣之清者也；伊尹，圣之任者也；柳下惠，圣之和者也；孔子，圣之时者也。孔子之谓集大成。"

⑯ 《孟子·公孙丑》，公孙丑问孟子："伯夷、伊尹于孔子，若是班乎？"班是齐等的意思。

⑰ 见《论语·子罕》。达巷，巷名；党人，乡人。

⑱ 《论语·子罕》："太宰问于子贡曰：'夫子圣者与，何其多能也？'子贡曰：'固天纵之将圣，又多能也。'"天纵之，天使他。

⑲ 《礼记·中庸》："天地之大，可一言而尽也。"

⑳ 《中庸》："仲尼祖述尧、舜，宪章文、武。"朱熹注："宪章者，近守其法。"

㉑ 见《论语·子罕》及《述而》。

㉒ 见《中庸》。

㉓ 见《论语·八佾》。朱注："郁郁，文盛貌。"

㉔ 见《中庸》。方策，古代用来写字的木板和竹简，即书籍。

㉕ 见《论语·子张》。

㉖ 见《论语·述而》。

㉗ 奚翅，何止。翅又作啻。五十步笑百步，见《孟子·梁惠王上》，意思是说，两人上阵打仗，都见敌就跑，跑五十步停下来的讥笑跑了一百步才停下来的。这里，是用来比喻知道得少的人反而笑比他知道得多的人。

㉘ 见《孟子·滕文公上》。

㉙ 宰我、子贡、有若，都是孔子弟子。《孟子·公孙丑上》：

"宰我曰：以予观于夫子，贤于尧、舜远矣。""子贡曰：自生民以来，未有夫子也。""有若曰：圣人之于民，亦类也。出于其类，拔乎其萃，自生民以来，未有盛于孔子也。"出，高出；拔，超越；萃，众。出类拔萃，是说异于众人。

原道中

　　韩退之曰："由周公而上，上而为君，故其事行；由周公而下，下而为臣，故其说长。"①夫说长者，道之所由明，而说长者，亦即道之所由晦也。夫子明其教于万世，夫子未尝自为说也；表章六籍，存周公之旧典，故曰"述而不作，信而好古"，又曰"盖有不知而作之者，我无是也"，"子所雅言，《诗》、《书》、执《礼》"②，所谓明先王之道以导之也。非夫子推尊先王，意存谦牧③而不自作也，夫子本无可作也。有德无位，即无制作之权；空言不可以教人，所谓"无征不信"④也。教之为事，羲、轩以来，盖已有之。观《易·大传》之所称述，则知圣人即身示法，因事立教，而未尝于敷政出治之外，别有所谓教法也⑤。虞廷之教，则有专官矣，司徒之所敬敷，典乐之所咨命⑥，以至学校之设，通于四代⑦，司成师保之职，详于《周官》⑧。然既列于有司，则肄业存于掌故；其所习者，修、齐、治、平之道⑨，而所师者，守官典法之人。治教无二，官师合一，岂有空言以存其私说哉！儒家者流，尊奉孔子，若将私为儒者之宗师，则亦不知孔子矣。

孔子立人道之极，岂有意于立儒道之极耶？儒也者，贤士不遇明良之盛[10]，不得位而大行，于是守先王之道以待后之学者[11]，出于势之无可如何尔。人道所当为者，广矣大矣，岂当身皆无所遇，而必出于守先待后，不复涉于人世哉！学《易》原于羲画[12]，不必同其卉服野处也；观《书》始于《虞典》，不必同其呼天号泣也[13]：以为所处之境，各有不同也。然则学夫子者，岂曰屏弃事功，预期道不行而垂其教邪？

《易》曰："形而上者谓之道，形而下者谓之器。"[14]道不离器，犹影不离形。后世服夫子之教者自六经，以谓六经载道之书也；而不知六经皆器也。《易》之为书，所以开物成务，掌于《春官》太卜，则固有官守而列于掌故矣。《书》在外史，《诗》领大师，《礼》自宗伯，乐有司成[15]，《春秋》各有国史[16]。三代以前，《诗》、《书》、六艺，未尝不以教人，非如后世尊奉六经，别为儒学一门，而专称为载道之书者。盖以学者所习，不出官司典守、国家政教，而其为用，亦不出于人伦日用之常，是以但见其为不得不然之事耳，未尝别见所载之道也。夫子述六经以训后世，亦谓先圣先王之道不可见，六经即其器之可见者也。后人不见先王，当据可守之器而思不可见之道，故表章先王政教，与夫官司典守以示人，而不自著为说，以致离器言道也。夫子自述《春秋》之所以作，则云"我欲托之空言，不如见诸行事之深切著明"[17]，则政教典章、人伦日用之外，更无别出著述之道，亦已明矣。秦人禁偶语《诗》《书》，而云"欲学法令，以吏为师"[18]。夫秦之

283

悖于古者，禁《诗》《书》耳；至云学法令者以吏为师，则亦道器合一，而官师治教，未尝分歧为二之至理也。其后治学既分，不能合一，天也。官司守一时之掌故，经师传授受之章句，亦事之出于不得不然者也。然而历代相传，不废儒业，为其所守先王之道也。而儒家者流，守其六籍，以谓是特载道之书耳。夫天下岂有离器言道，离形存影者哉！彼舍天下事物、人伦日用，而守六籍以言道，则固不可与言夫道矣。

《易》曰："仁者见之谓之仁，智者见之谓之智，百姓日用而不知矣。"[19] 然而不知道而道存，见谓道而道亡。大道之隐也，不隐于庸愚，而隐于贤智之伦者纷纷有见。盖官师治教合，而天下聪明范于一，故即器存道，而人心无越思；官师治教分，而聪明才智，不入于范围，则一阴一阳入于受性之偏，而各以所见为固然，亦势也。夫礼司乐职，各守专官，虽有离娄之明[20]，师旷之聪，不能不赴范而就律也。今云官守失传，而吾以道德明其教，则人人皆自以为道德矣。故夫子述而不作，而表章六艺，以存周公之旧典也，不敢舍器而言道也。而诸子纷纷，则已言道矣，庄生譬之为耳目口鼻[21]，司马谈别之为六家[22]，刘向区之为九流[23]，皆自以为至极，而思以其道易天下者也。由君子观之，皆仁智之见而谓之，而非道之果若是易也。夫道因器而显，不因人而名也；自人有谓道者，而道始因人而异其名矣，仁见谓仁，智见谓智是也。人自率道而行，道非人之所能据而有也；自人各谓其道，而各行其所谓，而道始得为人所有矣，墨者之道，许子[24]之道，其

284

类皆是也。夫道自形于三人居室，而大备于周公、孔子，历圣未尝别以道名者，盖犹一门之内不自标其姓氏也。至百家杂出而言道，而儒者不得不自尊其所出矣，一则曰尧、舜之道，再则曰周公、仲尼之道，故韩退之谓"道与德为虚位"㉕也。夫道与德为虚位者，道与德之衰也。

【注释】

① 退之，唐韩愈字。著有《韩昌黎集》，引文见《原道》。

② 均见《论语·述而》。雅言，常言。

③ 谦，谦逊。牧，养。《易·谦卦象辞》："谦谦君子，卑以自牧也。"意思是说用谦逊自养其德。

④ 见《中庸》。

⑤ 《系辞》说庖羲氏"始作八卦，以通神明之德，以类万物之情"，神农氏作耒耜，"耒耜之利，以教天下"，这是章氏认为羲、轩以来有教的根据。

⑥ 《书·舜典》记舜继承帝位后，命契为司徒，"敬敷五教"，命夔典乐，"教胄子"。敷五教，传播有关君臣、父子、兄弟、夫妇、朋友的伦理教化。胄子，贵族子弟。

⑦ 四代，指虞、夏、商、周。四代之学校，虞曰上庠下庠，夏曰东序西序，殷曰左学右学，周曰东胶虞庠。见《礼记·王制》。

⑧ 《礼记·文王世子》有大司成，司成也就是周府大司徒

的师氏。师氏保氏都是主管教育的官。详《周礼》。

⑨ 即《大学》所谓修身、齐家、治国、平天下之道。

⑩ 明，明君；良，良臣。本《尚书·皋陶谟》："元首明哉，股肱良哉。"明良之盛，有明贤之君、忠良之臣的隆盛时代。

⑪ 见《孟子·滕文公下》。

⑫ 羲画，指伏羲所画的八卦。卉服是说伏羲时没有衣服，用草做衣；野处，没有房屋，住在野地里。

⑬ 《虞典》，即《虞书》，指《尚书》的《尧典》《舜典》。《孟子·万章上》："舜往于田，号泣于旻天。"因为舜的父亲瞽瞍待他不好，所以向天哭诉。呼旻即呼天。

⑭ 见《系辞》。

⑮ 《周礼·春官》称外史掌三皇、五帝之书，大师教六诗，大宗伯掌吉、凶、军、宾、嘉诸礼。又大司乐掌成均之法，以乐德乐语乐舞教国子。司成是司乐之误。

⑯ 是说春秋时代各国都有历史的记载。《孟子·离娄下》："《诗》亡然后《春秋》作。晋之《乘》，楚之《梼杌》，鲁之《春秋》，一也。其事则齐桓、晋文，其文则史。"

⑰ 《史记·太史公自序》引孔子语。

⑱ 《史记·秦始皇本纪》，始皇三十四年李斯奏："有敢偶语《诗》《书》，弃市……若欲有学法令，以吏为师。"

⑲ 见《系辞》。

⑳ 离娄相传是黄帝时人，师旷是春秋时晋国乐师，古代认

为离娄是目最明的人，师旷是耳最聪的人。《孟子·离娄上》："离娄之明，公输子之巧，不以规矩，不能成方圆。师旷之聪，不以六律，不能正五音。"

㉑ 《庄子·天下》篇论诸子百家的道术各见一端，说他们"譬如耳目口鼻，皆有所明，不能相通"。

㉒ 司马谈是司马迁的父亲。六家，指阴阳、儒、墨、名、法、道，详《史记·自序》。

㉓ 刘向在汉成帝时校书。后来由他的儿子刘歆总括群书，编成《七略》。其中《诸子略》把诸子分为九派，即儒、道、阴阳、法、名、墨、纵横、杂、农，称为"九流"。

㉔ 许子，即许行，战国时楚人。是先秦农家的代表，主张君民并耕。详见《孟子·滕文公上》。

㉕ 见韩愈《原道》。

原道下

　　人之萃处也，因宾而立主之名；言之庞出也①，因非而立是之名。自诸子之纷纷言道，而为道病焉，儒家者流，乃尊尧、舜、周、孔之道，以为吾道矣。道本无吾，而人自吾之，以谓庶几别于非道之道也。而不知各吾其吾，犹三军之众，可称我军，对敌国而我之也；非临敌国，三军又各有其我也。夫六艺者，圣人即器而存道，而三家之《易》，四氏之《诗》②，攻且习者，不胜其入主而出奴③也。不知古人于六艺，被服如衣食，人人习之为固然，未尝专门以名家者也。后儒但即一经之隅曲④，而终身殚竭其精力，犹恐不得一当焉，是岂古今人不相及哉？其势有然也。古者道寓于器，官师合一，学士所肄，非国家之典章，即有司之故事，耳目习而无事深求，故其得之易也。后儒即器求道，有师无官，事出传闻，而非目见，文须训故，而非质言⑤，是以得之难也。夫六艺并重，非可止守一经也；经旨闳深，非可限于隅曲也。而诸儒专攻一经之隅曲，必倍古人兼通六艺之功能，则去圣久远，于事固无足怪也。但既竭其心思耳目之智力，则必于中独见天地之高深，因谓天地之大，人莫我尚也，亦人之情也；而不知特为一经之隅曲，未足窥古人之全体也。训诂章句，疏解义理，考求名物，皆不足以言道也；取三者而兼用之，则以萃聚之力，补遥溯⑥之功，或可庶几耳。而经师先已不能无牴牾⑦，传其学者，又复各分其门户，不啻儒墨之辨焉，则因宾定主，而又有主中之宾，因非立是，而又有是中之非，门径愈歧，而大道愈隐矣。

　　"上古结绳而治，后世圣人易之以书契，百官以治，万民以察。"⑧夫文字之用，为治为察，古人未尝取以为著述也；以文字为著述，起于官师之分职，治教之分途也。夫子曰："予欲无言。"⑨欲无言者，不能不有所言也。孟子曰："予岂好辩哉？予不得已也。"⑩后世载笔之士，作为文章，将以信今而传后，其亦尚念欲无言之旨，与夫不得已之情，庶几哉！言出于我，而所以为言，初非由我也。夫道备于六经，义蕴之匿于前者，章句训诂足以发明之。事变之出于后者，六经不能言，固贵约六经之旨，而随时撰述以究大道也。"太上立德，其次立功，其次立言。"⑪立言与功德相准，盖必有所需而后从而给之，有所郁而后从而宣之，有所弊而后从而救之，而非徒夸声音采色，以为一己之名也。《易》曰："神以知来，智以藏往。"⑫知来，阳也；藏往，阴也；一阴一阳，道也。文章之用，或以述事，或以明理。事溯已往，阴也；理阐方来，阳也。其至焉者，则述事而理以昭焉，言理而事以范焉，则主适不偏，而文乃衷于道矣。迁、固之史，董、韩之文⑬，庶几哉有所不得已于言者乎！不知其故，而但溺文辞，其人不足道已。即为高论者，以谓文贵明道，何取声情色采以为愉悦！亦非知道之言也。夫无为之治而奏熏风[14]，灵台之功而乐钟鼓[15]，以及弹琴遇文[16]，风雩言志[17]，则帝王致治，贤圣功修，未尝无悦目娱心之适，而谓文章之用，必无咏叹抑扬之致哉！

子贡曰："夫子之文章，可得而闻也；夫子之言性与天道，不可得而闻也。"[18] 盖夫子所言，无非性与天道，而未尝表而著之曰，此性，此天道也；故不曰"性与天道不可得闻"，而曰"言性与天道，不可得闻也"。所言无非性与天道，而不明著此性与天道者，恐人舍器而求道。夏礼能言，殷礼能言，皆曰"无征不信"[19]，则夫子所言，必取征于事物，而非徒托空言以为明道也。曾子真积力久，则曰"一以贯之"[20]，子贡多学而识，则曰"一以贯之"，非真积力久与多学而识，则固无所据为一之贯也。训诂名物，将以求古圣之迹也，而侈记诵者如货殖之市矣；撰述文辞，欲以阐古圣之心也，而溺光采者，如玩好之弄矣。异端曲学，道其所道，而德其所德，固不足为斯道之得失也；记诵之学，文辞之才，不能不以斯道为宗主，而市且弄者之纷纷忘所自也。宋儒起而争之，以谓是皆溺于器而不知道也。夫溺于器而不知道者，亦即器而示之以道，斯可矣；而其弊也，则欲使人舍器而言道。夫子教人"博学于文"[21]，而宋儒则曰"玩物而丧志"[22]，曾子教人"辞远鄙倍"[23]，而宋儒则曰"工文则害道"[24]。夫宋儒之言，岂非末流良药石哉！然药石所以攻脏腑之疾耳，宋儒之意，似见疾在脏腑，遂欲并脏腑而去之。将求性天，乃薄记诵而厌辞章，何以异乎？然其析理之精，践履之笃，汉唐之儒，未之闻也。孟子曰："义理之悦我心，犹刍豢之悦我口。"㉕义理不可空言也，博学以实之，文章以达之，三者合于一，庶几哉周、孔之道虽远，不啻累译而通矣！顾经师互诋，文人相轻，而性理诸儒，又有朱陆之同异，从朱从陆者之交攻㉖，而言学问与文章者，又逐风气而不悟，庄生所谓"百家往而不反，必不合矣"㉗，悲夫！

【注释】

①　萃处，群处。庞出，杂出。

②　汉朝传《易经》的有施雠、孟喜、梁丘贺三家，当时都设置博士。传《诗经》的有鲁、齐、韩、毛四家。鲁诗是鲁人申培所传，齐诗是齐人辕固生所传，韩诗是燕人韩婴所传。毛诗出自鲁人毛亨，亨传给赵人毛苌，后世称亨为大毛公，苌为小毛公，他们所传的称毛诗，即现在通行的《诗经》。

③　韩愈《原道》："其言道德仁义者，不入于杨，则入于墨；不入于老，则入于佛。入于彼，必出于此。入者主之，出者奴之。"入主出奴，是说学了哪一派就以哪一派为主，以他所不学的那一派为奴，双方互相排斥。入主出奴，就是说门户之见，互相排斥。

④　隅曲，一偏，一角。

⑤　训故，即训诂，用今语解释古语。质言，简单地讲明。

⑥　遥溯，追求远古以上。

291

⑦　牴牾，抵触，冲突。

⑧　见《周易·系辞下》。书契，就是文字。

⑨　见《论语·阳货》。

⑩　见《孟子·滕文公下》。

⑪　见《左传·襄公》二十四年。

⑫　见《系辞上》。

⑬　迁，司马迁；固，班固；董，董仲舒；韩，韩愈。

⑭　《论语·卫灵公》："无为而治者，其舜也与！"《礼记·乐记》："昔者舜作五弦之琴以歌南风。"歌词有"南风之熏兮，可以解吾民之愠兮"等语，故又称熏风。

⑮　《诗·大雅·灵台》第一章："经始灵台，经之营之。"第五章："于论鼓钟，于乐辟廱。鼍鼓逢逢，蒙瞍奏公。"奏公即奏功。

⑯　《史记·孔子世家》："孔子学鼓琴师襄子……曰：'丘得其为人。黯然而黑，几然而长，眼如望羊，如王四国，非文王其谁能为此也？'师襄子辟席再拜曰：'师盖云《文王操》也。'"

⑰　《论语·先进》记孔子弟子曾点对孔子言志说："暮春者，春服既成，冠者五六人，童子六七人，浴乎沂，风乎舞雩，咏而归。"夫子喟叹曰："吾与点也。"以上说明文辞艺术并非与道没有关系。

⑱　见《论语·公冶长》。

⑲　《论语·八佾》："子曰：'夏礼吾能言之，杞不足征也。

292

殷礼吾能言之，宋不足征也。文献不足故也。足，则吾能征之矣。'"杞是夏的后代，宋是殷的后代。《礼记·中庸》："无征不信，不信民弗从。"征是验证的意思。

⑳ 《论语·里仁》："子曰：'参乎，吾道一以贯之。'曾子曰：'唯。'"又《卫灵公》："子曰：'赐也，汝以予为多学而识之者与？'对曰：'然。非与？'曰：'非也，予一以贯之。'"

㉑ 见《论语·颜渊》。

㉒ 宋程颐说："书曰'玩物丧志'，为文亦玩物也。"见《河南程氏遗书·卷十八》。又朱熹《近思录·卷二》："明道以记诵为玩物丧志。"明道，程颢的号。

㉓ 《论语·泰伯》："曾子曰：'出辞气，斯远鄙倍矣。'"鄙倍与鄙背同，谓鄙陋背理。

㉔ 《河南程氏遗书·卷十八》："问：'作文害道否？'曰：'害也。凡为文不专意，则不工；若专意，则志局于此，又安能与天地同其大也？'"

㉕ 见《孟子·告子上》。刍，吃草的牲畜，如牛羊。豢，吃谷的牲畜，如犬豕。这里指牲畜的肉。

㉖ 朱陆，指宋代的朱熹和陆九渊。从朱从陆者，则指宋明以来以朱熹为首的学派和以陆九渊为首的学派。前者谓之理学，后者谓之心学。

㉗ 见《庄子·天下》。这里意思是说，百家各执一偏之见，必不能合于真理。

原学上

《易》曰："成象之谓乾，效法之谓坤。"[①]学也者，效法之谓也；道也者，成象之谓也。夫子曰，"下学而上达"[②]，盖言学于形下之器，而自达于形上之道也。"士希贤，贤希圣，圣希天"[③]，希贤希圣，则有其理矣。"上天之载，无声无臭"[④]，圣如何而希天哉？盖天之生人，莫不赋之以仁义礼智之性，天德也；莫不纳之于君臣、父子、夫妇、兄弟、朋友之伦，天位也。以天德而修天位，虽事物未交，隐微之地，已有适当其可，而无过与不及之准焉，所谓成象也。平日体其象，事至物交，一如其准以赴之，所谓效法也。此圣人之希天也，此圣人之下学上达也。伊尹曰："天之生斯民也，使先知觉后知，使先觉觉后觉也。"[⑤]人生禀气不齐，固有不能自知适当其可之准者，则先知先觉之人从而指示之，所谓教也。教也者，教人自知适当其可之准，非教之舍己而从我也。故士希贤，贤希圣，希其效法于成象，而非舍己之固有而希之也。然则何以使知适当其可之准欤？何以使知成象而效法之欤？则必观于生民以来，备天德之纯，而造天位之极者，求其前言往行，所以处夫穷变通久者而多识之，而后有以自得所谓成象者，而善其效法也。故效法者，必见于行事，《诗》《书》诵读，所以求效法之资，而非可即为效法也。然古人不以行事为学，而以《诗》《书》诵读为学者，何邪？盖谓不格物而致知，则不可以诚意⑥，行则如其知而出之也。故以诵读为学者，推教者之所及而言之，非谓此外无学也。子路曰："有民人焉，有社稷焉，何必读书，然后为学？"夫子斥以为佞者，盖以子羔为宰⑦，不若是说；非谓学必专于诵读也。专于诵读而言学，世儒之陋也。

【注释】

① 见《系辞上》。《系辞》又说："在天成象，在地成形。"《周易》以乾为天，坤为地，认为天是始造万物的，地是效法天的。

② 见《论语·宪问》。

③ 见周敦颐《通书·第十章·志学》。

④ 见《诗·大雅·文王》。

⑤ 见《孟子·万章下》。

⑥ 《礼记·大学》："欲诚其意者，先致其知，致知在格物。"格物的解释，古来很多，这里是依朱熹《大学章句》的解释。《章句》："格，至也。物犹事也。穷至事物之理，欲其极处无不到也。"

⑦《论语·先进》:"子路使子羔为费宰。子曰:'贼夫人之子。'子路曰:'有民人焉,有社稷焉,何必读书,然后为学?'子曰:'是故恶夫佞者。'"子羔,高柴字,孔子弟子。佞,口辩。

原学中

古人之学，不遗事物，盖亦治教未分，官师合一，而后为之较易也。司徒敷五教，典乐教胄子，以及三代之学校，皆见于制度；彼时从事于学者，入而申其占毕^①，出而即见政教典章之行事，是以学皆信而有征，而非空言相为授受也。然而其知易入，其行难副，则从古已然矣。尧之斥共工也，则曰"静言庸违"^②。夫静而能言，则非不学者也；试之于事而有违，则与效法于成象者异矣。傅说之启高宗也，则曰"非知之艰，行之惟艰"^③。高宗旧学于甘盘，久劳于外^④，岂不学者哉？未试于事，则恐行之而未孚也。又曰"人求多闻，时惟建事，学于古训乃有获"^⑤，说虽出于古文，其言要必有所受也。夫求多闻而实之以建事，则所谓学古训者，非徒诵说，亦可见矣。夫治教一而官师未分，求知易而实行已难矣；何况官师分，而学者所肄，皆为前人陈迹哉！夫子曰："学而不思则罔，思而不学则殆。"又曰："吾尝终日不食，终夜不寝，以思；无益，不如学也。"^⑥夫思，亦学者之事也；而别思于学，若谓思不可以言学者，盖谓必习于事而后可以言学，此则夫子诲人知行合一之道也。诸子百家之言，起于徒思而不学也，是以其旨皆有所承禀，而不能无敝耳。刘歆所谓某家者流，其源出于古者某官之掌，其流而为某家之学，其失而为某事之敝⑦。夫某官之掌，即先王之典章法度也；流于某家之学，则官守失传，而各以思之所至，自为流别也；失为某事之敝，则极思而未习于事，虽持之有故，言之成理，而不能知其行之有病也。是以三代之隆，学出于一，所谓学者，皆言人之功力也；统言之，"十年曰幼学"是也；析言之，则"十三学乐，二十学礼"⑧是也。国家因人功力之名，而名其制度，则曰"乡学""国学"⑨，"学则三代共之"⑩是也。未有以学属乎人，而区为品诣之名者。官师分而诸子百家之言起，于是学始因人品诣以名矣，所谓某甲家之学，某乙家之学是也。学因人而异名，学斯舛矣；是非行之过而至于此也，出于思之过也。故夫子言学思偏废之弊，即继之曰："攻乎异端，斯害也已。"夫异端之起，皆思之过，而不习于事者也。

【注释】

① 《礼记·学记》："今之学者，呻其占毕。"呻，吟诵。占同笘。笘毕，竹简，古人用以记载文字。呻其占毕，犹现在说念书。

② 见《尚书·尧典》。是尧斥责共工的话。庸通"用"。蔡沈《书经集传》云："静则能言，用则违背也。"为章氏所本。

③　见《伪古文尚书·说命中》，是傅说对殷高宗武丁说的话。

④　《伪古文尚书·说命下》："王曰：来，汝说，台小子，旧学于甘盘，既乃遁于荒野。"台，我。《伪孔传》："甘盘，殷贤臣，有道德者。"《尚书·无逸》说："其在高宗时，旧劳于外。"即所谓"遁于荒野"。旧，久的意思。

⑤　见《说命下》。建事，建立事功。

⑥　见《论语·为政》及《卫灵公》。罔，迷惘无知；殆，疑惑不决。

⑦　"某家者流"等语，见班固《汉书·艺文志》。《艺文志》以刘歆所撰的《七略》为依据，所以章氏谓刘歆所说。

⑧　见《礼记·曲礼》及《内则》。

⑨　《礼记·学记》："党有庠……国有学。"孔疏："乡学曰庠。"党，乡党。

⑩　见《孟子·滕文公上》。学，指国学。

⑪　见《论语·为政》。

浙东学术

浙东之学[①]，虽出婺源[②]，然自三袁之流，多宗江西陆氏[③]，而通经服古，绝不空言德行，故不悖于朱子之教。至阳明王子，揭孟子之良知[④]，复与朱子牴牾；蕺山刘氏，本良知而发明慎独[⑤]，与朱子不合，亦不相诋也。梨洲黄氏[⑥]，出蕺山刘氏之门，而开万氏弟兄[⑦]经史之学，以至全氏祖望[⑧]辈，尚存其意，宗陆而不悖于朱者也。惟西河毛氏[⑨]，发明良知之学，颇有所得，而门户之见，不免攻之太过，虽浙东人亦不甚以为然也[⑩]。

世推顾亭林氏为开国儒宗[⑪]，然自是浙西之学；不知同时有黄梨洲氏出于浙东，虽与顾氏并峙，而上宗王、刘，下开二万[⑫]，较之顾氏，源远而流长矣。顾氏宗朱，而黄氏宗陆，盖非讲学专家，各持门户之见者，故互相推服，而不相非诋。学者不可无宗主，而必不可有门户，故浙东、浙西，道并行而不悖也。浙东贵专家，浙西尚博雅，各因其习而习也。

天人性命之学，不可以空言讲也，故司马迁本董氏天人性命之说，而为经世之书[⑬]。儒者欲尊德行，而空言义理以为功，此宋学之所以见讥于大雅也。夫子曰："我欲托之空言，不如见诸行事之深切著明也。"此《春秋》之所以经世也。圣如孔子，言为天铎[⑭]，犹且不以空言制胜，况他人乎！故善言天人性命，未有不切于人事者。三代学术，知有史而不知有经，切人事也；后人贵经术，以其即三代之史耳；近儒谈经，似于人事之外，别有所谓义理矣。浙东之学，言性命者必究于史，此其所以卓也。

朱陆异同，干戈门户，千古桎梏之府，亦千古荆棘之林也。究其所以纷纶，则惟腾空言而不切于人事耳。知史学之本于《春秋》，知《春秋》之将以经世，则知性命无可空言，而讲学者必有事事，不特无门户可持，亦且无以持门户矣。浙东之学，虽源流不异，而所遇不同。故其见于世者，阳明得之为事功[⑮]，蕺山得之为节义[⑯]，梨洲得之为隐逸[⑰]，万氏兄弟得之为经术史裁。授受虽出于一，而面目迥殊，以其各有事事故也。彼不事所事，而但空言德性，空言问学，则黄茅白苇[⑱]，极面目雷同，不得不殊门户，以为自见地耳，故惟陋儒则争门户也。

或问：事功气节，果可与著述相提并论乎？曰：史学所以经世，固非空言著述也。且如六经，同出于孔子，先儒以为其功莫大于《春秋》，正以切合当时人事耳。后之言著述者，舍今而求古，舍人事而言性天，则吾不得而知之矣。学者不知斯义，不足言史学也。（整辑排比，谓之"史纂"；参互搜讨，谓之"史考"，皆非"史学"。）

【注释】

① 浙东之学，指以史学为主的一个学派，言性命之理必究于史，而不尚空谈。自宋代金华吕祖谦唐仲友、永康陈亮到明代山阴刘宗周、余姚黄宗羲及鄞县万斯大兄弟和全祖望等人，都生于浙东，故称"浙东学派"。诸人均长于史学。

② 指朱熹。朱熹是婺源（今属江西）人。

③ 袁燮字和叔，宋鄞县人，陆九渊门人。他的儿子袁肃、袁甫也承受其父之学，合称三袁。陆九渊是江西金溪人。

④ 阳明，王守仁的号，其学以"致良知"为主。孟子曾说："人之所不虑而知者，其良知也。"所以说王阳明揭孟子之良知。

⑤ 蕺山，刘宗周的号，其学以"慎独"为宗。

⑥ 梨洲，黄宗羲的号。他是刘宗周的门人。

⑦ 万氏弟兄，鄞县万斯大、万斯选、万斯同等兄弟八人都是黄宗羲门人。其中万斯大、万斯同最为著名。斯大字充宗，治经学，尤精《春秋》、三礼，著有《学春秋随笔》《学礼质疑》《礼记偶笺》《周官辨非》等书。斯同字季野，博通诸史，明史稿五百卷，皆其手订，著有《历代史表》《儒林宗派》《群书辨疑》等书。

⑧ 全祖望字绍衣，号谢山，鄞县人，补成黄宗羲《宋元学案》。他的著作很多，有《经史问答》《鲒埼亭集》，并校正《水经注》。

⑨ 毛奇龄号西河，字大可，清萧山人。对朱熹攻击甚力。有《西河全集》。

⑩ 如全祖望曾著《萧山毛氏纠谬十卷》(今其书不传),《鲒埼亭集·外篇·卷十一·萧山毛检讨别传》中也极力指斥其谬妄。

⑪ 顾炎武号亭林。《清史稿·儒林传》以顾炎武为首。

⑫ 王、刘，王阳明、刘宗周。二万，斯大、斯同。

⑬ 董氏，董仲舒。他的贤良对策，被称为"天人三策"，如言"天令之谓命，命非圣人不行；质朴之谓性，性非教化不成；人欲之谓情，情非制度不节"，开后来谈论性命的风气。司马迁《史记·自序》中，特别推崇董仲舒关于《春秋》的论点。经世之书，指司马迁的《史记》。

⑭ 天铎，就是为上天宣布教化的意思。《论语·八佾》:"天将以夫子为木铎。"

⑮ 指王守仁平宸濠之乱和镇压暴动。

⑯ 刘宗周在清兵攻下杭州后绝食而死，所以这里称其"节义"。

⑰ 指黄宗羲在明亡后拒绝清廷征聘。

⑱ 空言德行，指陆派；空言问学，指朱派。茅和苇形状很相近，但秋天茅变成黄色，苇开白花。这里比喻朱陆两派都是空言性命，其区别之微不过如茅之与苇而已。

辨似

人藏其心，不可测度也①。言者心之声②；善观人者，观其所言而已矣。人不必皆善，而所言未有不托于善也；善观人者，察其言善之故而已矣，夫子曰："始吾于人也，听其言而信其行；今吾于人也，听其言而观其行。"③恐其所言不出于意之所谓诚然也。夫言不由中，如无情之讼，辞穷而情易见④，非君子之所患也。学术之患，莫患乎同一君子之言，同一有为言之也，求其所以为言者，咫尺⑤之间，而有霄壤之判焉，似之而非。

天下之言，本无多也；（言有千变万化，宗旨不过数端可尽，故曰言本无多。）人则万变不齐者也。以万变不齐之人，而发为无多之言，宜其迹异而言则不得不同矣。譬如城止四门，城内之人千万；出门而有攸往⑥，必不止四途，而所从出者，止四门也。然则趋向虽不同，而当其发轫⑦，不得不同也；非有意以相袭也，非投东而伪西也，势使然也。

树艺五谷，所以为烝民粒食⑧计也。仪狄⑨曰："五谷不可不熟也。"问其何为而祈熟，则曰："不熟无以为酒浆也。"教民蚕桑，所以为老者衣帛计也。蚩尤⑩曰，"蚕桑不可不植也"，诘其何为而欲植，则曰："不植无以为旌旗也。"夫仪狄、蚩尤，岂不诚然须粟帛哉？然而斯民衣食，不可得而赖矣。

《易》曰："阴阳不测之为神。"又曰："神也者，妙万物而为言者也。"⑪孟子曰："大而化之之谓圣，圣而不可知之之谓神。"⑫此神化神妙之说所由来也。夫阴阳不测，不离乎阴阳也。妙万物而为言，不离乎万物也。圣不可知，不离乎充实光辉也。然而曰圣，曰神，曰妙者，使人不滞于迹，即所知见以想见所不可知见也。学术文章，有神妙之境焉。末学肤受⑬，泥迹以求之⑭；其真知者，以谓中有神妙，可以意会而不可以言传者也。不学无识者，窒于心而无所入，穷于辨而无所出，亦曰可意会而不可言传也。故君子恶夫似之而非者也。

伯昏瞀人谓列御寇曰："人将保汝矣；非汝能使人保也，乃汝不能使人毋汝保也。"⑮然则不能使人保者，下也；能使人毋保者，上也；中则为人所保矣。故天下惟中境易别；上出乎中而下不及中，恒相似也。学问之始，未能记诵；博涉既深，将超记诵；故记诵者，学问之舟车也。人有所适也，必资乎舟车；至其地，则舍舟车矣，一步不行者，则亦不用舟车矣。不用舟车之人，乃托舍舟车者为同调焉；故君子恶夫似之而非者也。（程子见谢上蔡多识经传，便谓玩物丧志⑯，毕竟与孔门一贯不似。）

理之初见，毋论智愚与贤不肖，不甚远也；再思之，则恍惚而不可恃矣；三思之，则眩惑而若夺之矣。非再三之力，转不如初也；初见立乎其外，故神全；再三则入乎其中，而身已从其旋折也，必尽其旋折，而后复得初见之至境焉；故学问不可以惮烦也；然当身从旋折之际，神无初见之全，必时时忆其初见，以为恍惚眩惑之指南焉，庶几哉有以复其初也！吾见今之好学者，初非有所见而为也，后亦无所期于至也；发愤攻苦，以谓吾学可以加人而已矣；泛焉不系之舟，虽日驰千里，何适于用乎！乃曰学问不可以惮烦。故君子恶夫似之而非者也。

夫言所以明理，而文辞则所以载之之器也；虚车徒饰，而主者无闻，故溺于文辞者，不足与言文也。《易》曰："物相杂，故曰文。"又曰："其旨远，其辞文。"[17]《书》曰："政贵有恒，辞尚体要。"[18]《诗》曰："辞之辑矣，民之洽矣。"[19]《记》曰："毋剿说，毋雷同。则古昔，称先王。"[20]《传》曰："辞达而已矣。"曾子曰："出辞气，斯远鄙倍矣。"[21]经传圣贤之言，未尝不以文为贵。盖文固所以载理，文不备，则理不明也。且文亦自有其理；妍媸好丑，人见之者，不约而有同然之情，又不关于所载之理者，即文之理也。故文之至者，文辞非其所重尔，非无文辞也。而陋儒不学，猥曰"工文则害道"；故君子恶夫似之而非者也。

陆士衡曰："虽杼轴于予怀，怵他人之我先；苟伤廉而愆义，亦虽爱而必捐。"[22]盖言文章之士，极其心之所得，常恐古人先我而有是言，苟果与古人同，便为伤廉愆义，虽可爱之甚，必割之也。韩退之曰："惟古于文必己出，降而不能乃剿袭。"[23]亦此意也。立言之士，以意为宗，盖与辞章家流不同科也。人同此心，心同此理；宇宙辽扩，故籍纷揉^㉔，安能必其所言古人皆未言邪！此无伤者一也。人心又有不同，如其面焉。苟无意而偶同，则其委折^㉕轻重，必有不尽同者，人自得而辨之，此无伤者二也。著书宗旨无多，其言则万千而未有已也；偶与古人相同，不过一二，所不同者，足以概其偶同，此无伤者三也。吾见今之立言者，本无所谓宗旨，引古人言而申明之；申明之旨，则皆古人所已具也。虽然，此则才弱者之所为，人一望而知之，终归覆瓿^㉖，于事固无所伤也。乃有黠^㉗者，易古人之貌，而袭其意焉；同时之人有创论者，申其意而讳所自焉；或闻人言其所得，未笔于书，而遽窃其意以为己有，他日其人自著为书，乃反出其后焉。且其私智小慧，足以弥缝其隙，而更张其端，使人瞢然^㉘莫辨其底蕴焉；自非为所窃者觌面^㉙质之，且穷其所未至，其欺未易败也；又或同其道者，亦尝究心，反复勘其本末，其隐始可攻也。然而盗名欺世，已非一日之厉矣，而当时之人，且曰某甲之学，不下某氏，某甲之业，胜某氏焉。故君子恶夫似之而非者也。

万世取信者，夫子一人而已矣。夫子之言不一端，而贤者各得其所长，不肖者各误于所似。"诲人不倦"^㉚，非渎蒙也^㉛；"予欲无言"，非绝教也；"好古敏求"，非务博也；"一以贯之"，非遗物也。盖一言而可以无所不包，虽夫子之圣，亦不能也。得其一言，不求是而求似，贤与不肖，存乎其人，夫子之所无如何也。孟子，善学孔子者也。夫子言仁知，而孟子言仁义；夫子为东周^㉜，而孟子王齐、梁^㉝；夫子"信而好古"^㉞，孟子乃曰"尽信

307

书，则不如无书"⑤，而求孔子者必自孟子也。故得其是者，不求似也；求得似者，必非其是者也；然而天下之误于其似者，皆曰吾得其是矣。

【注释】

① 见《礼记·礼运》。

② 《法言·问神》："言，心声也。"就是说语言是表达内心思想的。

③ 见《论语·公冶长》。

④ 《礼记·大学》："子曰：听讼吾犹人也，必也使无讼乎！无情者不得尽其辞。"朱注："情，实也。言圣人能使无实之人不敢尽其虚诞之辞。"辞穷而情易见，是说无实之人理屈辞穷，实情就容易明白了。

⑤ 八寸为咫。咫尺是说距离很短。

⑥ 有攸往，有所往。

⑦ 轫是支着车轮使车轮不能转动的木头。启行时把木头拿开，叫作发轫。这里是开始的意思。

⑧ 烝民，众民。粒食，吃饭。

⑨ 仪狄，相传是夏代发明造酒的人。

⑩ 蚩尤，相传是黄帝时一个部落酋长，在涿鹿地方与黄帝打过仗，为黄帝所杀。

⑪ 见《周易·系辞上》及《说卦》。

⑫　见《孟子·尽心下》。

⑬　肤受，表面上的接触。末学肤受，是说学问浅薄的人只懂得一点皮毛。

⑭　泥，拘泥。

⑮　见《庄子·列御寇》。保，依附。

⑯　上蔡，谢良佐号，字显道。二程门人。《宋元学案·卷十四·明道学案》："良佐昔录五经语作一册，伯淳见之，谓曰：'玩物丧志。'"伯淳，程颢字。

⑰　均见《易·系辞下》。

⑱　见《伪古文尚书·毕命》。

⑲　见《诗·大雅·板》。辑，和。洽，合。这是说出辞和平，人民也都融洽。

⑳　见《礼记·曲礼》。剿说，抄袭他人之说以为己说；雷同，随声附和。则古昔，称先王，是说要从历史和先王那里找到依据。

㉑　见《论语·卫灵公》。

㉒　士衡，陆机字。引文见陆机《文赋》。杼轴，转动。怵，怕。惎，违背。捐，弃。

㉓　见韩愈《樊绍述墓志铭》。

㉔　纷揉，杂乱。

㉕　委折，曲折。

㉖　瓴，缸。覆瓴，是说无用的著作，《汉书·扬雄传》说

309

刘歆见扬雄作《太玄》，曰："吾恐后人用覆酱瓿也。"

㉗　黜，狡猾。

㉘　瞢然，懵懂。

㉙　觌面，面对面。

㉚　见《论语·述而》。

㉛　《周易·蒙卦·象辞》："再三渎，渎则不告，渎蒙也。"孔颖达《正义》："渎蒙者，以再三不告，恐渎乱蒙者。"蒙，童蒙。

㉜　《论语·阳货》："如有用我者，吾其为东周乎。"为东周，指行周道于东方。

㉝　孟子想在齐、梁行他的王道。参《孟子·梁惠王》。

㉞　见《论语·述而》。

㉟　见《孟子·尽心下》。

史释

或问《周官》府史①之史，与内史、外史、太史、小史、御史②之史，有异义乎？曰：无异义也，府史之史，庶人在官供书役者，今之所谓书吏是也；五史，则卿、大夫、士为之，所掌图书、纪载、命令、法式之事，今之所谓内阁六科③、翰林、中书④之属是也。官役之分，高下之隔，流别之判，如霄壤矣。然而无异义者，则皆守掌故，而以法存先王之道也。

史守掌故而不知择，犹府守库藏而不知计也。先王以谓太宰制国用⑤，司会质岁之成⑥，皆有调剂盈虚、均平秩序之义，非有道德贤能之选，不能任也，故任之以卿士、大夫之重。若夫守库藏者，出纳不敢自专，庶人在官，足以供使而不乏矣。然而卿士、大夫，讨论国计，得其远大；若问库藏之纤悉，必曰府也。

五史之于文字，犹太宰司会之于财货也。典、谟、训、诰⑦，曾氏以谓唐、虞、三代之盛，载笔而纪，亦皆圣人之徒⑧，其见可谓卓矣。五史以卿士大夫之选，推论精微；史则守其文诰、图籍、章程、故事，而不敢自专；然而问掌故之委折，必曰史也。

夫子曰："民可使由之，不可使知之。"[9]先王道法，非有二也；卿士大夫能论其道，而府史仅守其法，人之知识，有可使能与不可使能尔，非府史所守之外，别有先王之道也。夫子曰："俎豆之事，则尝闻之矣。"曾子乃曰："君子所贵乎道者三，笾豆之事，则有司存。"[10]非曾子之言异于夫子也，夫子推其道，曾子恐人泥其法也。子贡曰："文、武之道，未坠于地，在人。夫子焉不学，亦何常师之有？""入太庙，每事问。"[11]则有司、贱役、巫祝、百工，皆夫子之所师矣。问礼问官[12]，岂非学于掌故者哉！故道不可以空铨，文不可以空著。三代以前，未尝以道名教，而道无不存者，无空理也；三代以前，未尝以文为著作，而文为后世不可及者，无空言也。盖自官师治教分，而文字始有私门之著述，于是文章学问，乃与官司掌故为分途，而立教者可得离法而言道体矣。《易》曰："苟非其人，道不虚行。"[13]学者崇奉六经，以谓圣人立言以垂教；不知三代盛时，各守专官之掌故，而非圣人有意作为文章也。

《传》曰："礼，时为大。"又曰："书同文。"[14]盖言贵时王之制度也。学者但诵先圣遗言，而不达时王之制度，是以文为罄悦缔绣之玩[15]而学为斗奇射覆之资[16]，不复计其实用也。故道隐而难知，士大夫之学问文章，未必足备国家之用也。法显而易守，书吏所存之掌故，实国家之制度所存，亦即尧、舜以来，因革损益之实迹也。故无志于学则已，君子苟有志于学，则必求当代典章，以切于人伦日用；必求官司掌故，而通于经术精微，则学为实事，而文非空言，所谓有体必有用也。不知当代而言好古，不通掌故而言经术，则鑿帨之文，射覆之学，虽极精能，其无当于实用也审矣。

孟子曰："力能举百钧，而不足举一羽；明足察秋毫之末，而不见舆薪。"[17]难其所易，而易其所难，谓失权度之宜也。学者昧今而博古，荒掌故而通经术，是能胜《周官》卿士之所难，而不知求府史之所易也。故舍器而求道，舍今而求古，舍人伦日用而求学问精微，皆不知府史之史通于五史之义者也。

"以吏为师"，三代之旧法也。秦人之悖于古者，禁《诗》《书》而仅以法律为师耳。三代盛时，天下之学，无不以吏为师。《周官》三百六十，天人之学备矣。其守官举职而不坠天工者，皆天下之师资也。东周以还，君师政教不合于一，于是人之学术，不尽出于官司之典守；秦人以吏为师，始复古制，而人乃狃[18]于所习，转以秦人为非耳。秦之悖于古者多矣，犹有合于古者，"以吏为师"也。

孔子曰："生乎今之世，反古之道，灾及其身者也。"[19]李斯请禁《诗》《书》，以谓"儒者是古而非今"，其言若相近，而其意乃大悖，后之君子，不可不察也。夫三王不袭礼，五帝不沿乐，不知礼时为大，而动言好古，必非真知古制者也，是不守法之乱民也，故夫子恶之。若夫殷因夏礼，百世可知，损益虽曰随时，未有薄尧、舜，而诋斥禹、汤、文、武、周公而可以为治者。李斯请禁《诗》《书》，君子以谓愚之首也。后世之去唐、虞、三代，则更远矣；要其一朝典制，可以垂奕世^⑳而致一时之治平者，未有不于古先圣王之道，得其仿佛者也。故当代典章，官司掌故，未有不可通于《诗》《书》六艺之所垂；而学者昧于知时，动矜博古，譬如考西陵之蚕桑^㉑，讲神农之树艺，以谓可御饥寒而不须衣食也。

【注释】

① 《周礼·序官》，每官下一般都有府、史各若干人，府是掌管财物库藏的官史，史是掌管文书的官史。

② 内史、外史、太史、小史、御史均见《周礼·春官·大宗伯》。内史掌握爵禄废置生杀予夺之法和国家的命令；外史掌四方之志，掌三皇、五帝之书；太史掌国家和官府的制度法典法则；小史掌邦国之志；御史掌邦国都鄙及万民之治令。

③ 内阁六科，指吏、户、礼、兵、刑、工六科给事中。职务是稽察各部百官的工作，掌管内外章奏等，近于谏官一类。

④ 翰林掌秘书著作，中书掌草拟内阁机密文书。

⑤ 太宰掌国家财政收入以制订全国的财经计划，详《周礼·天官·太宰》。

⑥ 司会是帮助冢宰主管会计之事。详《周礼·天官·司会》。

⑦ 典、谟、训、诰都是《尚书》篇名，如《尧典》《皋陶谟》《伊训》《康诰》之类。

⑧ 曾氏，宋曾巩。所著《南齐书目录·序》中说："昔者唐

虞有神明之性，有微妙之德……方是之时，岂特任政者皆天下之士哉？盖执简操笔而随者，亦皆圣人之徒也。"章氏转述其意。

⑨ 见《论语·泰伯》。

⑩ 见《论语·卫灵公》及《论语·泰伯》。俎豆、笾豆，都是古代祭祀用的礼器。

⑪ 见《论语·子张》及《论语·八佾》。

⑫ 孔子问礼于老聃，见《史记·老子传》；孔子学于郯子，问古代官制，见《左传·昭公七年》。

⑬ 见《周易·系辞下》。

⑭ 见《礼记·礼器》及《中庸》。时，随时制宜。文，文字。

⑮ 鞶（pán），大带；帨（shuì），佩刀。绨绣，同刺绣。《法言·寡见》："今之学者，非独为之华藻也，又从而绣其鞶帨。"

⑯ 把东西覆盖住，令人猜测何物，称为射覆。

⑰ 见《孟子·梁惠王上》。

⑱ 狃，惯守。

⑲ 见《礼记·中庸》。哉同"灾"。

⑳ 奕世，世世代代。

㉑ 嫘祖，相传为西陵氏之女，黄帝之妃，上古发明育蚕栽桑的人。

天喻

夫天，浑然①而无名者也；三垣②、七曜③、二十八宿④、一十二次⑤、三百六十五度、黄道、赤道⑥，历家强名之以纪数尔。古今以来，合之为文质损益，分之为学业、事功、文章、性命。当其始也，但有见于当然，而为乎其所不得不为，浑然无定名也；其分条别类，而名文，名质，名为学业、事功、文章、性命，而不可合并者，皆因偏救弊，有所举而诏示于人，不得已而强为之名，定趋向尔。后人不察其故而徇其名，以谓是可自命其流品，而纷纷有入主出奴之势焉。汉学宋学之交讦，训诂辞章之互诋，德性学问之纷争，是皆知其然而不知其所以然也。

学业将以经世也，如治历者尽人功以求合于天行而已矣，初不自为意必⑦也。其前人所略而后人详之，前人所无而后人创之，前人所习而后人更之，譬若《月令》中星不可同于《尧典》⑧，太初历法⑨不可同于《月令》，要于适当其宜而可矣。周公承文、武之后，而身为冢宰，故制作礼乐，为一代成宪；孔子生于衰世，有德无位，故述而不作，以明先王之大道；孟子当处士横议之时，

316

故力距杨、墨以尊孔子之传述[10]；韩子当佛老炽盛之时，故推明圣道以正天下之学术[11]；程、朱当末学忘本之会，故辨明性理以挽流俗之人心。其事与功皆不相袭，而皆以言乎经世也。故学业者，所以辟风气也。风气未开，学业有以开之；风气既弊，学业有以挽之。人心风俗不能历久而无弊，犹羲和、保章[12]之法不能历久而不差也。因其弊而施补救，犹历家之因其差而议更改也。历法之差，非过则不及；风气之弊，非偏重则偏轻也；重轻过不及之偏，非因其极而反之，不能得中正之宜也。好名之士，方且趋风气而为学业，是以火救火而水救水也。

天定胜人，人定亦能胜天。二十八宿，十二次舍，以环天度数尽春秋中国都邑。夫中国在大地中，东南之一隅耳；而周天之星度，属之占验，未尝不应，此殆不可以理推测，盖人定之胜于天也。且如子平[13]之推人生年月日时，皆以六十甲子分配五行生克；夫年月与时，并不以甲子为纪，古人未尝有是言也；而后人既定其法，则亦推衍休咎而无不应，岂非人定之胜天乎！《易》曰"先天而天弗违"[14]，盖以此也。学问亦有人定胜天之理。理分无极太极[15]，数分先天后天[16]，图有《河图》《洛书》[17]，性分义理气质[18]，圣人之意，后贤以意测之，遂若圣人不妨如是解也。率由其说，亦可以希圣，亦可以希天，岂非人定之胜天乎！尊信太过，以谓真得圣人之意固非；即辨驳太过，以为诸儒诋訾，亦岂有当哉！

①　浑然，混沌不可分的样子。

②　我国古代天文学家分周天的恒星为三垣，以其余星座附之。太微为上垣，紫微为中垣，天市为下垣。

③　七曜，日、月及水、火、木、金、土五星。

④　二十八宿，东方角、亢、氐、房、心、尾、箕，北方斗、牛、女、虚、危、室、壁，西方奎、娄、胃、昴、毕、觜、参，南方井、鬼、柳、星、张、翼、轸，皆附于三垣。

⑤　次即星次，指星所居之度数，古代分周天为十二宫，十二次与十二宫相当，即降娄、大梁、实沈、鹑首、鹑火、鹑尾、寿星、大火、析木、星纪、玄枵、娵訾。

⑥　周天三百六十五度又四分度之一。又《汉书·天文志》："日有中道，中道者黄道，一曰光道。"黄道就是太阳在恒星间渐次移动一周年的路线。赤道是通过天球两极的大圆。

⑦　《论语·子罕》："子绝四：毋意、毋必、毋固、毋我。"意，臆测；必，武断；固，固执；我，自以为是。

⑧　二十八宿分布于四方，每方七宿，居中的名中星。《礼记·月令》所说的中星与《尚书·尧典》不同。

⑨　汉武帝太初元年，诏历法家二十余人共定《太初历》，颁行天下。

⑩　《孟子·滕文公下》："处士横议。杨朱、墨翟之言盈天

318

下。"又："能言距杨墨者，皆圣人之徒也。"

⑪ 韩子，韩愈。有《原道》一篇，排斥佛老。

⑫ 羲和见《尧典》，尧时掌天文历法的官。保章氏，《周礼·春官》之属，掌天文的官。

⑬ 徐子平，宋朝的星命家。

⑭ 见《易·乾卦·文言》。

⑮ 周敦颐《太极图说》，首言"无极而太极"。《朱子语类·卷九十四》说："无极是有理而无形……太极是五行阴阳之理皆有，不是空底物事。"

⑯ 宋邵雍倡象数之学，有先天八卦图和后天八卦图。

⑰ 《易·系辞》："河出图，洛出书，圣人则之。"宋朝的方士因而造出所谓河图和洛书的图。

⑱ 程朱派认为人性有"义理之性"和"气质之性"的分别。